好莱坞编剧的生意经：
教你写出制片、导演、演员都想买的高分剧本！

［美］大卫·韦斯曼 ｜ ［美］大卫·戴蒙德　著

孟　影　译

BULLETPROOF:
WRITING SCRIPTS THAT
DON'T GET SHOT DOWN
DAVID WEISSMAN & DAVID DIAMOND

文匯出版社

献给我们的妻子，奥黛丽和戴安

还有孩子们，

汉娜、哈里和本杰明，艾克和奥伦

To our wives, Audrey and Diane,

and the kids,

Hannah, Harry, and Benjamin, Ike and Oren.

如果不是为了你

寒冬后将没有春天

再也听不到知更鸟的歌声

我将不知所措

这听起来不太真实

如果不是为了你

——鲍勃·迪伦

推荐序　　　　　　　　　　　　　　RECOMMENDATIONS

在翻开这本书之前,我对书名是有些抵触的。一个编剧好好搞创作,谈什么生意经呢?我既不想读到一本俗气的操作手册,又不想读到一本编剧的心灵鸡汤。

然而开始阅读之后,我很快就被这本书吸引住了。

首先,这是一本很友好的编剧书。这本书的两位作者,就像是在咖啡厅里遇到的老朋友,一边喝着咖啡,一边把自己写剧本、卖剧本、与电影公司打交道的故事、得失,娓娓道来讲给你听。你能感觉到作者的真诚和平等。他们没打算为写剧本这件事设立一个难以企及的门槛,用诸多术语让读者在一开始就对这个工作充满了敬畏,也没打算把自己装扮成成功人士,让后辈编剧仰视他们,就是一起坐着跟你讲讲真话聊聊天,告诉你他们在获得成功的路上,都做了什么,哪些做对了,哪些做错了。

当然,如果只是这样,我也不会这么喜欢这本书。

很意外地,它解决了我一个多年的疑问。

这几年经常有人问我，怎样才能成为一名职业编剧？

说实话，对于这个问题，我一直都不知道该怎么回答。多写？多拉片？总觉得我能想到的任何建议，都只是以偏概全。

读到这本书，看到这两位成熟的职业编剧，为了卖出自己的剧本，一次次地与制片人沟通，修改自己的创意，调整自己的写作方向，并且主动地考虑大多数的观众会喜欢什么的时候，我感觉到了一种决心。作为职业编剧，这两位作者为了实现自己的梦想，愿意做任何事情。这让我想起了我自己的一次经历。

2018年6月，我有一个重要的项目因故中止了。我在那个项目上倾注了非常多的心血和两年的时间，当时感觉整个人一下子被抽空，特别的委屈和失落。强烈的情绪让我彻夜难眠，同时也意外地生出了一种前所未有的渴望，想证明自己能行。这种渴望的力量之强大，超出了我自己的想象，驱使着我在两个月内完成了新的电影剧本，很快找到了愿意投资的电影公司。我早早就下定决心，一定要在当年的12月1日开机，然而直到11月上旬了，我们的主要演员还没有落定。当时除了我的制片人应萝佳——她也是我的太太，没有人相信我们能按计划开机。

萝佳后来告诉我，她之所以相信我，是因为以前从没见过我这么渴求一件事。我其实一直是一个被动的人，习惯了被人推着走。所以，以前我做很多事都容易半途而废，然后会为自己的失败寻找客观原因，说服自己问题不在自己身上。而这次，她感觉我跟以前不一样了，我的渴望和责任感被激活了，真正主动地行动起来，不再坐在原地怨天尤人，而是努力调动自己的能量和种种资源，愿意为我的电影做任何事。我的渴望也感染了她，所以她相信我们可以克服一切的困难。

最终，我们真的克服了一切的困难，《被光抓走的人》在12月1日按计划开机，并且在2019年的12月上映了。

我之所以讲这件事，是因为我从中学到了重要一课。乔布斯说得对，你必须keep hungry（保持饥饿）。我以前总觉得这只是一句心灵鸡汤（我很反感心灵鸡汤）。但只有自己体验过，才能真正明白它不是一句空话。只有足够的渴望，你才有决心和毅力为实现自己的目标做任何事。

我突然意识到，这就是我心目中，关于那个问题的答案！想成为一名职业编剧，你首先得问问自己，你是不是愿意为这个梦想做任何事？

第一，你是否愿意为了成为职业编剧面对挫折？

你可能会觉得，这真的是一个问题吗？这当然真的是个问题，但你的答案可不一定是真的答案。

虽然每个工作都会遇到挫折，但编剧简直就是备受挫折长大的一个职业。从还没开始写作，到作品被投拍上映，没有一个环节能避免面对挫折：

在创作中，你会苦于没有最初的灵感；有了灵感又会抓不住，无法把它转化成实实在在精彩的戏；终于写出了剧本，交出去给导演、演员或者各个公司、平台的责编、运营、审稿人阅读，满怀期待却换来简单的一句"表扬的话就不多说了"，然后就是长篇累牍的靠谱的不靠谱的意见；一个剧本改来改去，写了两三年都没有什么进展；剧本终于不用修改了，你等了好久，剧本却没被投拍；好不容易拍了，剧本却被改得面目全非，跟你写剧本时脑子里想象的完全不一样——多数时候你都会觉得没有自己想象得那么好；拍完上映，一定会有观众来骂编剧，而且是戏越火，骂你的人越多。

这一轮轮的挫折接受下来，编剧的内心早已千疮百孔，四面漏风。不要吹牛，我相信大部分人真来做一次编剧的话，都会直接疯掉。所以，你愿不愿意为了成为一个职业编剧，付出经常性绝望、隔三差五情绪崩溃的代价，在一次次的打击之后，不抛弃，不放弃，为了自己的剧本重新站起来，再次面对这一切？

相信我，不容易的。

第二，你愿不愿意作为职业编剧去与他人沟通？

这个问题仍然是每个人都会说愿意，真正能做到的寥寥无几。

我见过很多编剧（也包括我自己），对自己的作品有强烈的保护欲，对来自他人——尤其是甲方——的意见，很容易产生一种天然的抵触。

然而影视作品的生产，不是一个人闭门造车就能做到的，必然是一个团队合作的过程。而影视剧的创作，本质上，是一群人在为两三年后观众会喜欢什么做预测。既然是做预测，就没有一定之规，必然就会有各种各样的人出来给你提意见。编剧经常会在心态上夸大了对立，但问题是你的作品最终又得卖给这些人。

从我自身的经验来看，很多的损失是双方沟通过程中发生的。因为互相不愿意去理解对方，没有办法进行真正的沟通，为了尊严执拗地互相顶牛，导致了很多项目的停滞，或者在艺术价值方面遭受了损失。

问题总是需要解决的。永远不解决这些问题，作品就永远无法问世。

本书作者提供的方法，就是让自己换一个思路，不是说要让创作者为了对方的要求而创作，不是无原则地改变自己的创作，而是站在对方的角度思考：

他们会喜欢什么样的作品？为什么他们觉得这样的作品更好卖？他们有没有道理？双方的想法在哪些地方其实是可以融合的？如何在求同存异的情况下让别人愿意把我的东西拍出来？如果双方的理解真的无法统一，能不能找到真正志同道合的合作者？

总而言之，你得为了你的剧本能卖出去、拍出来，主动做沟通上的努力。

第三，你是否愿意作为职业编剧去学习。

我也遇到过很多刚入行的年轻编剧，向我询问编剧技巧。在聊天的过程中，我发现他们在写某一类型的剧本时，看过的同类型的电影太少了，写下的文字也太少了。

我们一直在说中国的类型电影不够成熟，做得不够好，好莱坞的类型片如何领先我们。问题是我们真的有在学习吗？编剧在创作类型电影剧本的时候，有没有大规模地看这种类型的电影，拉片，分解结构，找出规律，甚至借鉴其中有价值的设计，让自己在创作时沉浸在一种类型的语境之中？

很多很基础的学习方法时常被我们所忽视，抑或是我们缺乏要从这些方面下功夫的足够意识。但是如果你希望成为职业编剧，就需要有这样的学习意识和能力，而不仅仅是由着自己的喜好和性子去写。

　　不能变成影视作品的剧本,对创作者是一种伤害。本书作者在用各种亲历的案例来告诉大家,怎么减少这种伤害。这是成为职业编剧必备的生存技能。

董润年

2020年11月

目录 CONTENTS

前言 ………………………………… i

序 ………………………………… vii

① 构思精巧的电影创意 …………… 001

电影创意与剧本创意的区别 | 解剖电影创意：三个C | 检查你的创意 | 梗概 | 给你的创意找到定位：商业大片vs独立电影 | 这个创意适合我吗

② 寻找经典电影范例 …………… 025

为自己赢得一席之地 | 擦亮眼睛，边看边想 | 向前辈取经

③ 脱颖而出：一页剧情简介 …………… 037

掌握基本的故事结构 | 电影的故事vs电影的意义 | 故事如何展开 | 浓缩剧情

④ 塑造能立得住的角色 …………… 057

历经考验的主角 | 讨人喜欢的主角 | 便于选角的主角 | 角色动作表

⑤ 构建稳扎稳打的大纲 ·············· 077
剧情整合 ｜ 过场戏 ｜ 副线剧情：B线、C线和"搞笑担当"｜ 大纲 ｜ 大纲、详情或提案文件

⑥ 打造吸引眼球的桥段 ·············· 097
什么是桥段 ｜ 设计你的桥段

⑦ 写出胜券在握的剧本 ·············· 107
开场 ｜ 基本要素 ｜ 场景信息 ｜ 角色描述 ｜ 动作 ｜ 对白 ｜ 转场和衔接 ｜ 这是一场马拉松，不是短跑 ｜ 最后一件事……

⑧ 成功的秘诀——修改 ·············· 129
兑现你的承诺……还有你的前提 ｜ 完善人物塑造 ｜ 删减：节奏和页数

⑨ 万无一失地提交 ·············· 139
突破壁垒，进入行业 ｜ 他们喜欢这个剧本，接下来该做什么 ｜ 鼓起勇气，勇敢面对

后记 ·············· 155

鸣谢 ·············· 158

术语表 ·············· 159

要点与练习 ·············· 167

桥段案例：《陪产假》吸奶器段落 ·············· 178

关于作者 ·············· 185

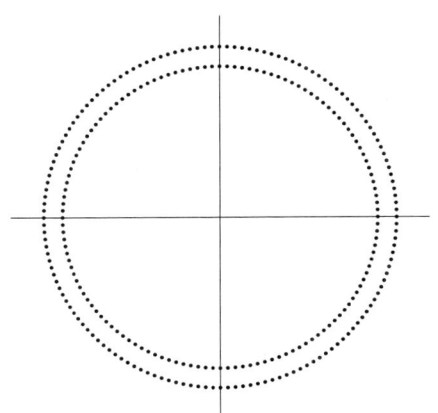

前言　　PREFACE

　　这本书是大约500杯咖啡的产物。差不多就是过去的25年里，我们跟众多渴望成功的编剧见面的时候，所喝掉的咖啡总量。我们与他们分享经验，为他们提供指导、支持或建议。大约一年前，我们突然想到，可以把这些能与他人分享的知识，尽可能多地集中在一个地方，让所有感兴趣的人都能看到。这样就能少喝一点星冰乐了。

　　我们不是剧作老师或故事大师，也不是戏剧学、神话学、电影理论或电影分析方面的学者或专家。我们是编剧，我们写电影剧本。有些拍出来了，有些没拍。我们既写原创剧本，也改编书籍。我们能写定制剧本，也卖自己的提案。我们可以从头开始，从最初的创意火花开始写，也可以最后才介入，用一个星期或更多的时间，对其他编剧花了几年写出来的剧本进行打磨。我们职业生涯中参与过的电影，包括署名的和未署名的，已经在全世界赚了超过10亿美元的票房。我们俩是一个骄傲的（如果不算特别有名的话）编剧小团队，我们的事业蒸蒸日上，即将进入第三个10年。这么多年来，我们积累了相当多的实践经验,还发展出了一套写作流程,这给我们带来了很大帮助,在顺利的情况下,能让我们从最初的灵感火花一直走到制作阶段。这个流程,以及流程中涉及的独创方法,就是我们要在这本实用指南里与你们分享的东西。

那么,我们的这种独创方法是什么呢?

简单来说,这种方法就是教你怎样在好莱坞这个人人都倾向于说"不"的地方(经纪人、制片人、电影公司高管,甚至是剧本审读人),让他们对你说"好的"。这种方法是从买家的角度来审视写作过程的各个阶段,从最初的概念一直到最终的打磨,从而帮你避开一些最常见的陷阱和阻碍。这种方法承认电影制作是一个高度依赖合作的过程,并且把未来搭档的挑剔眼光,当成创作过程中必要和有益的部分来看待。在今天,这一点的重要性远超以往。

现在,原创剧本和原创电影市场所面临的挑战,已经超过了我们入行以来的任何时候。回想20世纪90年代,我们的事业刚刚起步,那时候剧本能卖到几百万美元的价钱,而且通常一个星期能成交不止一部。实际上,在电影资讯网站兴起之前,《综艺日报》和《好莱坞报道者》等传统纸媒上就充斥着沙恩·布莱克[1]、乔·埃泽特哈斯[2]、罗恩·巴斯[3]等新老编剧卖出原创剧本的声明。我们卖出的第一部原创剧本也是其中之一[4]。如果你每天关注Deadline或其他电影资讯网站,

---

1 沙恩·布莱克(Shane Black),好莱坞编剧、导演,作品有《致命武器》《终极尖兵》《钢铁侠3》等。(本书注释除非特别说明,均为译者注。)
2 乔·埃泽特哈斯(Joe Eszterhas),好莱坞编剧,作品有《本能》《无处可逃》等。
3 罗恩·巴斯(Ron Bass),指好莱坞著名编剧罗纳德·巴斯(Ronald Bass),作品有《雨人》《当男人爱上女人》《偷天陷阱》等。
4 参见《综艺日报》1994年3月28日关于福斯《神童》(*Whiz Kid*)的报道,记者为迈克尔·弗雷明。

就会注意到，现在原创剧本的成交消息相对来说已经很少了，更多的是宣布哪位大编剧签约了某个特效大片系列，并将为其打造最新一部续集的剧本。凡是达不到高标准的原创剧本，都立刻被毙掉。

2013年，《名利场》刊登了一篇文章，用下面这些惊人的数据总结了原创剧本的颓势："1995年，卖掉了173个原创剧本。2010年，这个数字降到了55，而这个低位已经至少持续了5年。"[1]那是2013年的情况。最近几年，这股远离原创，推崇根据已有素材和IP，对漫画、电视剧、游戏、经典老电影进行改编，或对冷门系列电影进行重启的风潮愈演愈烈。甚至连能提供很多新机会的流媒体平台都在寻找可改编的内容，以及通过导演和明星这样的大牌制作班底作为卖点来吸引观众。但实际上，原创剧本依然是新人编剧进入电影行业的最佳方式。连一些成功的、经验丰富的编剧，也转向支持原创剧本，推动原创电影。然而，想获得代理人、制片人、电影公司高管和其他买家的注意，却比过去更难了。你该怎么做？你觉得一个能推动你事业发展的剧本，和一个放在书架上落灰的剧本之间，最关键的区别是什么？怎么做才能跨越二者之间的鸿沟？这本书将帮助你解答这些问题。

说一下我们对于各种编剧书的看法。除了威廉姆·高德曼[2]的经典作品《银幕产业大冒险》（*Adventures in the Screen Trade*），其他那些书我们都是到了自己要动笔写书时才会去拜读。大部分编剧

---

[1] 参见《原创剧本为王的时代》，作者玛格丽特·海德瑞，刊登于2013年2月8日的《名利场》。
[2] 威廉姆·高德曼（William Goldman），好莱坞著名编剧，作品有《虎豹小霸王》《总统班底》《危情十日》等。

书似乎都挺有料的——对于成功影片和失败影片的独到见解;实用的建议;从开头到结尾的整套策略,以及中间必须面对的困难;在叙事和结构方面有价值、有助益的理论。但出自名下有投拍作品的编剧之手的书却越来越少,离我们越来越远了,这些书在质量上也参差不齐。读一下布莱克·斯奈德(Blake Snyder)写的《救猫咪》(*Save the Cat*),再读一下托马斯·列侬(Thomas Lennon)和罗伯特·本·加兰特(Robert Ben Garant)合著的《写剧本好玩又赚钱》(*Writing Movies for Fun and Profit*),你就明白了。当然还有高德曼的黄金标准,在将近30年后依然屹立不倒。这些书通常都比结构大师和学者们发展出来的"体系"(systems)和叙事结构理论更为实用。他们的方法更能反映出剧本如何吸引买家,如何一步步进入制作阶段。我们这本书就是想在这一方面继续添砖加瓦。

也就是说,凡是对你有帮助的方法,都可以用。没有什么魔法公式,也没有哪个专家知道所有问题的答案,包括我们。如果有人向你保证只要按照他的"简单步骤"去写,就能获得成功,那你一定要持怀疑态度。在写作这方面,唯一能让你实现目标的人,就是你自己。我们只能试着帮助你。

这本书适合所有人吗?也许不是。据说,滚石乐队的歌曲《我无法获得满足》(*I Can't Get No Satisfaction*)是基思·理查兹在梦中得到的灵感。他从床上爬起来,用磁带录音机录下了那段反复乐节(riff),然后又回去睡觉了。第二天,米克·贾格尔坐在汽车旅馆的游泳池边,只花10分钟就写好了歌词。在《滚石》杂志评选的"史上最伟大的摇滚歌曲"排行榜上,这首歌排第二,仅次于鲍勃·迪伦的《像一块滚石》(*Like a Rolling Stone*)。你可以不认同这个排名，但这不是重点。重点是，并非所有人都是基思·理查兹和米克·贾格尔；并非所有人都能在半夜起床时，脑子里就有一首伟大歌曲的旋律，而且还有个创作伙伴，只须在佛罗里达某汽车旅馆的泳池旁坐10分钟，就能写出合适的歌词。有些人似乎就是有一种天赋，能想出新鲜的创意，并且还清楚地知道该怎样对创意进行最有效的渲染。而我们大多数凡人则需要一个长效的流程，把我们最强烈的创作冲动诱导出来，同时掌握一套训练方法，用尽可能好的方式去实现创意，避免落入那些在好莱坞看来足以给作品判死刑的陷阱里。

指望一套可以反复使用的具体方法，也许听起来很不自由，甚至是站在创作的对立面。或者你以为它只能用在早期，也就是刚开始学习剧作的阶段，等你高价卖出第一个剧本后，就可以把它淘汰了，以此来证明自己头脑清醒。但我们更愿意把它看作职业棒球联赛里的击球训练。虽然把一套具体的、一以贯之的流程跟你的写作结合起来，并不能保证你每次出场都能打出全垒打，但跟那些干坐着不动，光指望天赋的球员相比，你的胜算要大得多。正如马尔科姆·格拉德威尔（Malcolm Gladwell）在他的著作《异类：不一样的成功启示录》（*Outliers: The Story of Success*）中所说的：没有人，甚至是我们当中的天才，只靠天赋就能获得成功[1]。成功既需要天赋，也需要过程，需要有意识地做大量常规训练。按照格拉德威尔的估计，至少需要一万小时。这一万小时的练习过程就是你的学徒期。这是用来冒险、犯错和磨炼技巧的时间。虽然没有捷径，但你可以从其

1　参见《异类：不一样的成功启示录》第二章《一万小时定律》。

他人的经验和错误中学习，而这两种我们都有很多，可以与你分享。

库尔特·冯内古特（Kurt Vonnegut Jr）曾经写道："如果一个像我一样头脑普通的人，全身心地投入一部虚构作品的创作中，那么这项工作会反过来把他原本普通的头脑变聪明。"[1]全身心地投入，这就是关键。毕竟，连基思·理查兹也要上吉他课。

---

[1] 参见《旺皮特、弗玛和阁兰法隆》（*Wampeters, Foma & Granfalloons*）前言部分。

序 INTRODUCTION

想一想你自己和你认识的其他渴望成功的编剧。大部分人从最初的概念一直到写完剧本，都没有停下来思考过，如果想把这个剧本卖出去，什么东西是必不可少的？故事里必须发生什么？

首先，你得把你的剧本交到某个能真正对你有所帮助的人手中，哪怕所谓的"有所帮助"，只是继续把你的剧本传递给下一个能对你有所帮助的人。让我们停下来思考，想一想你认识的或知道的人里，有谁能对你的剧本有所帮助。可能是一个朋友或亲戚，可能是你在剧本中介公司或制片公司工作时的上级，也可能是某个你在社交场合认识的人，或者某个跟你有共同朋友的业内人。怎么才能让他们把你的剧本交给代理人、制片人或者高管，并告诉对方："你必须看一下这个！"这其实是一个设问，我们会告诉你答案。答案就是，递交你的剧本对他们有好处，能让他们获益。

这是生意，不是大团圆的童话故事。在电影这行里，没有人会单纯为了帮助一个编剧实现梦想而推荐他的剧本。他们推荐某个剧本，是因为这样做对他们有好处，也许还能在某些方面让他们获益，所以这个剧本要么是写得很好，要么是很有商业价值，最好是二者皆有。在这个以人际关系和名声为基础的行业里，素材太多了，他们根本没时间全部评估一遍，所以鉴别能力绝对是很重要的。虽然也会看走眼，毕竟连《星球大战》（*Star Wars*）的剧本都曾被很多人拒绝过，但还是得坚持自己挑剔的眼光。他们只能推荐自己真正相信的素材，以及发自内心想要支持的编剧。倘若他们觉得你提交这个剧本纯粹是胡闹，就因为这个剧本是你外甥写的，那你就是在拿别人和别人的时间开玩笑。你会失去信誉，这条路会对你关闭，也会对那些希望通过你进入这一行的编剧关闭。

　　第一个看你剧本的人是这样，之后好莱坞产业链上的每一个人也都是这样。现在，思考一下这个产业链。代理人或经纪人必须在读完你的剧本之后说："把这个剧本交给制片人对我有好处。"接着制片人读完之后说："把这个项目交给X导演或Y导演对我有好处。"接着导演读完之后说："花一两年拍这部电影，或至少拿着电影公司的钱去开发这个项目，对我有好处。"接着电影公司高管读完之后说："把我们有限的时间和预算投资在这个剧本上，用这个导演，用这个制片人，对我有好处。"……还可以一直继续下去，你应该明白我们的意思了。

　　我们可以把各种元素用一百种不同的方法混合起来，但归根结底，卖剧本其实是一个扩展版的赚钱游戏。如果你曾经以为，好莱坞的存在是为了帮助你实现梦想，那你应该立刻放弃这种想法。要写出一个能赢得好莱坞青睐的剧本，第一步就是要认识到，现实情况恰恰是相反的。其实是编剧承担起了帮其他人实现梦想的重担。剧本能卖掉，能拍出来，通常就是靠这种方法。

所以，从代理人或经纪人、制片人、导演、演员，再到电影公司或投资人，你要让你的剧本给好莱坞产业链上的每个人都带去利益，而这个链条上的每一环，都代表着一次考验。这就是这本书中的独家方法要讲的内容，也就是从故事和角色的角度，以及那些能够决定剧本命运的决策人的眼光出发，来仔细检查写作时的每一个选择。

在接下来的章节中，通过分析我们的项目和经验，以及其他大家熟知的电影，我们将引导你走完写剧本的全过程。你要有出色的创意和叙事，要坚持好莱坞式故事结构的惯例，还要考虑到，这个剧本必须满足所有创作者和参与者的利益。

这些年来，跟新人编剧的大量沟通、喝掉的咖啡都是这份工作的额外收益。有时我们会接着再喝几杯，继续往下聊一聊。但大多时候，都是用一两个小时分享一下我们的经验和观点，然后就各回各家。但通过这本书，我们将一直跟你在一起。从创意的萌芽，到你的大纲，再到完成的剧本及其后续事务。这本书是一杯喝不完的咖啡。希望我们相遇时，你是一个心怀梦想的编剧，当我们告别时，你已经是从业编剧中的一员了。要做到这一点，不是简单地把剧本写完就行了。我们必须从方方面面检查你的创意、流程，以及你的剧本，确保每个环节都没有漏洞（这种写作方法是我们的商标，正在申请专利）。对于那些习惯说"不"的人，我们将在构建故事和加工剧本的过程中，预判他们的需求和担忧，捕捉他们的想象力，激发他们的热情，从而解除他们的武装。这是电影行业对我们这些编剧从业者们提出的要求，尤其是在当下。我们相信，这是一笔非常值得的投资。说到底，如果没人买的话，在90天、30天，甚至是21天里写完一个剧本，又有什么意义呢？

构思精巧的电影创意

写出一部能够卖掉，还能投入制作的电影剧本，就像一路遭受鞭打之刑，就像在《星球大战》[1]结尾，卢克·天行者和反抗军同盟试图摧毁死星。任何时候都可能有新的障碍出现，阻止你前进，或者直接将你打回起点。在《星球大战》里，卢克最好的机会以及唯一的希望就是"原力"。而你的希望则是一个精彩的电影创意。有人说过，你可以根据一个好剧本拍出一部烂片，但无法根据一个烂剧本拍出一部好片。当然，你也无法根据一个烂创意，或者在根本没有创意的情况下，写出一个好剧本。所以重要的是，在进入流程之前，你要先搞清楚，一个可行的电影创意是什么样的，以及怎样构思出一个不仅仅是能用，而且是非常好、特别棒……或者十分精巧的创意。

---

1 《星球大战》，1977年上映的《星球大战》系列首部电影。乔治·卢卡斯在20世纪80年代初拍完了最早的三部正传后，又从90年代末开始拍摄了三部前传，整合成六部曲。第一部《星球大战》的故事发生在三部前传之后，因此又被称为《星球大战4：新希望》(Star Wars: Episode IV-A New Hope)。

你的创意到底是自《公民凯恩》（*Citizen Kane*）以来最棒的，还是自《土豆人的性生活》（*Sex Lives of the Potato Men*）以来最烂的，这能说得准吗？难道不是完全主观的判断吗？答案分别是：能，不是。虽然对于你的创意，人们怀有的热情总会有高有低。但市场也有自己的声音和判断，而且是非常重要的。毕竟你想卖掉剧本，对吧？而卖掉剧本需要一个买家。每一个卖掉并且被拍出来的剧本，背后必定都有一个精彩的创意吗？不是的。如果你没卖掉剧本，就一定意味着你的创意很烂吗？当然也不是。剧本写作和剧本销售不是科学，不存在绝对。那么一个好创意该如何去定义呢？根据我们的经验，同时也是从实际出发，一个好创意就是能够吸引经纪人、制片人、导演、演员和投资人的创意。它能推动你的剧本和你的事业。一个完善的剧本，能让读者清楚地看到一条通往制作的道路。这条道路上必然会充满障碍、挫败和曲折，而其中某些困难可能是难以逾越的。这就是为什么经验丰富的审读人会选择胜算最大的剧本。

在检查自己的创意时，我们始终记着，"好的，我明白了"和"这个我必须拿下"这两句话之间有着天壤之别。"好的，我明白了"是对于有潜力，但比较常见的创意的回答。"好的，我明白了"不能帮你付账单。实际上，它其实不能给你带来任何结果，只不过未来也许能再给你争取到一次机会，如果你够幸运的话。而"这个我必须拿下"可以开启你的事业，如果你还写出了剧本，那么你的事业很可能像挂了五挡一样全速起飞。构思精巧的电影创意就是不会被毙掉的创意，它比你想象中的更难找到。让我们研究一下，不同等级的电影创意之间有什么区别，里面包含什么内容，以及怎样把你倾注了时间和精力的创意变得精巧起来。

电影创意与剧本创意的区别

有一件事，很多新手，甚至很多经验丰富的编剧可能都意识不到，那就是剧本创意和电影创意之间是有区别的。一部标准剧本的长度在90～120页之间，以一种特殊格式写成。理论上，如果你下载了"终稿"（Final Draft）之类的剧本写作App，只要每天写几场涉及相同角色的戏，写任何带给你灵感的东西都行，写到100页的时候，就可以理直气壮地说，你已经写出你的第一个剧本了。但你写的是一部电影吗？不见得。

根据一个精彩的创意写出一个剧本，听起来挺简单，甚至可以说太简单了，连很多从来没写过剧本，也永远不会真正坐下来写剧本的人，都觉得自己有一个绝妙的电影创意！然而，是这样吗？那些本身不是编剧，却说他们有个好创意的人，可能是你的朋友或亲戚，也可能是你在乔氏超市[1]排队时刚刚遇到的陌生人，而你偏偏蠢到告诉他你是个编剧。如果听一听他们的故事，你往往会发现，他们误以为发生在他们自己身上，或发生在某个他们认识的人身上的事，就是电影创意。一起事件，不管对你来说多么重要，都不是电影创意，因为它是真实发生的事。它能发展成一个电影创意吗？也许能。这就要用到角色、背景，以及对于技巧和流程的深层理解。这时编剧就要出场了。但是，你生活中的一个片段，它本身并不是一部电影。对你或你的亲戚朋友们来说同样如此。你妈妈的普拉提教练、你的汽车修理工、个性古怪的叔叔……这些人可能都是很好玩、很有

---

[1] 乔氏超市（Trader Joe's），美国连锁超市。

趣的人，但他们都不足以成为你下一部电影的主题。

所以多少是足够？多少是过剩？你需要掌握什么信息、多少信息才能让自己的电影创意显得精巧？一个电影创意到底是由什么构成的？

把你的电影创意想象成一个原子，即一切物体的基本构成单元。就像没有原子，就不会有固体、液体或气体，没有一个创意作为核心，也就不会有电影。但原子本身是由更小的组件构成的——质子、中子和电子[1]。同样，你的电影创意也有三个基本组成部分——角色、概念和背景。一个完整的电影创意是：这个人、处在某个情境里、在一个特定环境中。它涵盖了角色（Character）、概念（Concept）、背景（Context），也就是电影创意中的"三个C"元素。

解剖电影创意：三个C

就像原子里的质子、中子和电子一样，角色、概念和背景这三个组成部分，每一个对电影创意来说都是必需的，几乎不可能在不考虑另外两个的情况下，去单独评估某一个的价值。让我们以1993年那部开创性的喜剧片《土拨鼠之日》（*Groundhog Day*）为例。《土拨鼠之日》讲的是，一个人一遍又一遍地过同一天。这就是创意，对吗？嗯，不对，这只是创意的一部分，它是概念。电影概念是一种情境（situation），它为主角设置了一个充满可能性的、高风险的

---

[1] 向我们的中学化学老师艾勒·斯特恩道歉，我们学会的基础化学知识也就这个程度了。——作者注

挑战或机遇。一个角色被迫一遍又一遍地过同一天,这是一个很有潜力的概念,对于电影创意来说,是一个很好的起点。但这个概念本身(这个情境),告诉你这是一部什么样的电影了吗?没有。它可以是一部科幻片、恐怖片、惊悚片或喜剧片。这个情境里的主角是谁?一个喜剧片演员、一个剧情片演员,还是一个动作片演员?如果现在让你只根据概念来给这部电影选角,不给出任何其他信息的话,那你的主演既可以是凯文·哈特(Kevin Hart),也可以是连姆·尼森(Liam Neeson),这会是两部非常不同的电影。如果你的主演是女性,可能是梅丽莎·麦卡西(Melissa McCarthy)或查理兹·塞隆(Charlize Theron),具体要取决于其他两个元素——角色和背景。

现在,我们加入这部电影里的角色——一个总是满腹牢骚的匹兹堡天气预报员。一个满腹牢骚,一遍又一遍地过同一天的天气预报员,这表明他是一个喜剧情境中的喜剧角色。匹兹堡表明了他所处的地点。总是满腹牢骚表明他更愿意,或觉得自己理应在洛杉矶或纽约这样的大城市里工作,也许还应该拥有一个更显赫的职位,比如新闻主播。《土拨鼠之日》这几个字不仅提供了片名,还提供了背景。"土拨鼠之日"在2月2日。每年的这一天,人们会聚集在宾夕法尼亚州的庞克瑟托尼,观看土拨鼠预测冬天是否会继续,或春天是否会早早到来。所以,如果你是《土拨鼠之日》的原著作者丹尼·鲁宾,当艾尔玛姑妈在感恩节晚宴上问你,你写的这部作品讲的是什么时,你可以说:"它讲的是,一个总是满腹牢骚的地方天气预报员,被派去报道庞克瑟托尼的土拨鼠之日庆典,结果被困在了镇上,一遍又一遍地过同一天,直到他做了正确的事。"

这基本上给出了所有我需要的信息，以此判断这个剧本我有没有兴趣去读。首先，我知道这是一部喜剧片。我能从角色、地点，以及把土拨鼠之日作为故事触发点这个选择中看出来。举个例子，如果选的日期是黑色星期五，那就会形成另一番印象了。如果这一天是主角妻子的忌日，也会令我产生截然不同的设想。我知道，对一个总是满腹牢骚的地方天气预报员来说，被困在宾夕法尼亚州西部的小镇上，是他最不想遇到的事，这意味着主角将会在电影中面临挑战，由此便可判断，这是一个颇具潜力的情境。在讲到第四章时，我们会更多地探讨角色，但现在为了构思你的创意，你的主角应该是那个能在你设计的情境中，遇到最多挑战或得到最多奖赏的人，是我们从故事开头到结尾一直想跟随的人。这个满腹牢骚的地方天气预报员听起来像是正确的人选，或至少对一个被困在庞克瑟托尼，一遍又一遍地过同一天的人设来说，是一个非常好的人物设定。最后，我从末尾的"直到他做了正确的事"这句话里得知，这个角色将会做出某种改变，这是困在那里最终的结果。虽然我还不知道这种改变具体是什么，或者是怎么发生的。但没关系，因为现在我考虑《土拨鼠之日》的创意时，只想确认故事有发展，角色有成长，感受它的基调。《土拨鼠之日》把一个很有特色、很有趣的角色放进了一个于他而言颇有挑战性的情境中，而它的背景说明了主角要具备改变的决心。想到这里，我便想读这个创意。更重要的是，我想看这部电影。《土拨鼠之日》就是一个构思精巧的创意。

下面这个例子是我们入行初期最喜欢的电影创意之一。《关岛登月》（*Guam Goes to the Moon*）讲的是一个特立独行的宇航员被

NASA[1]开除后,受雇于美国关岛的一位亿万富翁,要乘坐老旧的俄式N-1火箭进行一次登月活动,以此来让关岛这个小小的岛屿出名。

我们从这个创意中能知道什么?我们知道了这一次主角渴望证明自己,不仅是自我证明,还想证明给全世界看,毕竟他在NASA工作时没能发挥出自己的潜力。我们还知道他得到了第二次机会,也就是这次登月,它所代表的梦想和成就,比NASA能提供给他的更伟大。但我们也知道,这是关岛,不是某个世界强国,而俄罗斯和他们的N-1火箭在太空竞赛中输给了美国及其土星5号运载火箭。老旧的俄罗斯火箭和美国本土之外的关岛,这两个元素的组合,表明这是一部小人物喜剧。1995年,我们把《关岛登月》卖给二十世纪福克斯(20th Century Fox)时,它就是这样一部与《冰上轻驰》(*Cool Runnings*)、《少棒闯天下》(*The Bad News Bears*),或更近一些的《疯狂躲避球》(*Dodgeball*)或迪士尼的《百万金臂》(*Million Dollar Arm*)一脉相承的小人物喜剧。

《关岛登月》现在跟其他几百部没有投拍的剧本一起,被堆在派拉蒙影业(Paramount Pictures)的架子上。这是否意味着,它就不是一个构思精巧的创意呢?你自己判断吧。我们在1995年把它卖给了一家公司,接着它和它的制片人一起转移到了另一家公司,我们写写停停,持续了10年之久。在那些年里,我们先后跟五个不同的制片人、三个不同的导演一起打磨剧本。一次又一次,就是拿不到绿灯[2],极度令人沮丧和失望。但那个剧本也让我们有机会跟很多非常

1　美国国家航空航天局(National Aeronautics and Space Administration),简称NASA。
2　电影公司决定投拍某个项目,就会给它"开绿灯"。

有成就、有才华的导演、制片人、电影公司高管一起工作，否则我们就不可能会认识他们，也不可能与他们建立起专业的合作关系。而且我们赚到了钱，《关岛登月》帮助我们还清了抵押贷款，还保证我们吃得起饭。每个职业编剧都有被搁置的作品，只能留在架子上落灰。因为事实证明，有些创意和剧本确实比你的更加精巧一些。而时机和运气，也就是人们常说的缘分，往往也在这个过程中扮演着重要角色，并影响最终的结果。没有哪个编剧能百发百中，除非自己掏腰包投拍自己的剧本。目前，我们还是试着从一个好创意开始吧。不，不是好创意……是构思精巧的创意。

检查你的创意

你有了概念，知道你的角色是谁，也知道角色和概念所处的大环境是什么样的。那么你就有了一个电影创意。怎么判断它好不好呢？怎么才能知道，这个创意能不能让人们产生足够的兴奋感，让他们离开沙发，退出Netflix[1]，关掉Snapchat、Instagram或Tinder[2]，然后前往电影院，掏出好不容易挣到的钱，来看你的电影呢？你自己问问他们吧。说真的，如果你想知道你的电影会不会有人看，就必须告诉人们你在写什么。这时候，一些编剧会急着去给他们的创意打造完美的"梗概"（logline）。但我们强烈建议你不要这么做。

1　流媒体巨头。
2　均为网络社交App。

梗概

梗概就是用简洁的一两句话，对你的剧本或电影进行描述。一个经典的例子——《电视指南》（*TV Guide*）。在人们通过订阅实体杂志，来了解电视上会播放什么节目的时代，《电视指南》会用一句话来透露关于一部电影或一集电视节目的相关信息，以此来让观众判断自己有没有兴趣。今天，流媒体服务和有线电视网络的导视功能，或卫星电视的菜单功能，用的也都是梗概。梗概是一种有用而且重要的工具，但它们是用在完整的剧本或电影上的，不是用来检查创意的。理由很充分。首先，我们不会把梗概口述出来。如果在推荐《极盗车神》（*Baby Driver*）时，你的朋友问你它讲的是什么，你会说"一个被迫为黑道大佬工作的车手，发现自己卷入了一场注定失败的劫案中"[1]吗？应该不会吧。它没有错，只是人们在聊天时，不会这样跟对方说话。梗概听起来像预先准备好的套话，而你在检查自己的创意，试图从朋友或业内人那里得到热烈反应的时候，最不应该做的，就是用一种听起来像预先准备好的方式，来谈论你正在写的东西。

其次，一上来就写梗概的编剧，往往会把太多的时间和精力，花在各种脑力消耗和抠字眼上，只为想出一个完美的句子。相信我们，等你的创意完全实现，剧本写完之后，原本要花费你好几个小时去想的梗概，只要30秒就能搞定了。实际上，错误的或有缺陷的梗概还会让你偏离方向。想清楚角色和故事，梳理大纲，写出剧本，这

---

1 这条梗概引自IMDb网站：www.imdb.com/title/tt3890160/reference。

个流程会揭示出各种各样你预想之外的东西，比如不同角色的相对比重，故事角度的侧重点。这些都会影响到你如何描述最终完成的剧本或电影。在这个阶段，试图把你的电影创意压缩成一句梗概，不仅是一个错误，甚至可能是一个陷阱，你要花好几个小时、好几天，或者好几周才能爬出去。剧本写作不是一门科学，而是一门艺术，是一个创作过程。在动笔之前，没必要把这个过程变得不自然，让自己觉得很失败，而原因仅仅是你暂时搞不清楚，该怎么把你的创意总结成10个或10个以内的单词。现在，不要把时间浪费在梗概上，留着后面再解决。

话虽如此，但你的确需要去跟你认识且信赖的人聊聊你在写什么，这会很有帮助。不要用梗概的形式，而要用一些简单明了、口语化的句子，来说清楚你的电影讲的是谁，他们身处于什么样的环境中，身上发生了什么事。就像我们前面描述的那样。如果你对自己的概念和角色感到舒服自在，就应该能在对话中简洁而热情地表达出来。只要有人问你，你就告诉他你在写什么。判断他们的反应。他们的眼睛是不是带着热情和期盼瞪大了？他们提问题了吗？他们想要知道更多吗？还是说了一句"好的，我明白了"，然后迅速转移话题？哪怕只是一个"好的，我明白了"的表情，也足以说明你的创意在别人眼里，可能不像对于你自己那样有趣。或者它可能只是一个比较小的、生活化的创意。如果是这样，你在说到你的创意时就应该更具体一些，展示更多的私人想法。如果能做到，就说明没什么问题。如果不能，则说明你可能对于这个创意的各个方面还想得不够清楚，或者这个创意本身就有所欠缺。

如果是这两种情况中的任意一种，那就糟了。你可能需要挖掘得更深入一些，或者换个方向挖掘。希望后面的章节能帮助到你。

　　当然，把你的创意告诉别人，意味着大家都将知道你的创意。这会让有些编剧感到不安，他们害怕被剽窃，这是可以理解的。但首先，不要自作多情。我们当然希望你的创意很棒，很独一无二，是电影创意里的圣杯。但更为可能的是，在某个地方，已经有一个类似的创意正在推进了，甚至可能每家公司都已经有了一个类似的创意。如果这个创意及其渲染方式与已有的电影过于接近，那可能会是个问题，但并不一定是个问题。就像两千多年前的《传道书》（*Ecclesiastes*）里所写的："太阳底下无新事。"你写出来的剧本，应该包含我们以前在电影里没见过的元素——视觉或语言，角色或情节设计，全新的视角，搞笑桥段或动作场面的创意。要能引起投资人和营销人员的兴趣，因为他们能从中看到让观众买账的方法。你的创意应该提供一种独一无二的实现方式，还要具备吸引观众的潜力。但某一方面的独特并不意味着各个方面都独特。实际上，各个方面都独特也就意味着没有共鸣、难以理解、脱离生活……但是出于讨论的目的，我们先假设你想出了一个真正原创性的东西。假设你是莉莉&拉娜·沃卓斯基[1]，你想出了《黑客帝国》（*The Matrix*）的创意，虽然它实际上是经过重新包装的经典英雄旅程故事。《黑客帝国》是"这个我必须拿下"的典型例子。你真的认为除了沃卓斯基之外，还有人能像他们那样实现《黑客帝国》的创意吗？所以不要太担心别人剽窃你的创意。它是你的创意，是你想出来的。如果你相信

---

1 《黑客帝国》系列的导演，原名为安迪·沃卓斯基（Andy Wachowski）和拉里·沃卓斯基（Larry Wachowski），人称"沃卓斯基兄弟"，之后两人先后变性，成为"沃卓斯基姐妹"。

自己的水平,那么就没有人能像你一样,把这个创意渲染成"这个我必须拿下"的样子。[1]

如果你的创意没有得到热情的反应该怎么办?如果连冷淡的反应都没有该怎么办?你是不是应该假设大家"听不懂",欣赏不了你独特的才华和执行能力,然后继续坚持呢?嗯……还是别了。别坚持这个创意了。比"好的,我明白了"更糟糕的是"抱歉,我听不懂"。相信我们,这一点我们有亲身体会。如果你是斯派克·琼斯[2]或查理·考夫曼[3],"抱歉,我听不懂"可能吓不倒你。看过《纽约提喻法》(Synecdoche, New York)吧?但如果你像我们一样,渴望写出浅显易懂的电影,以吸引更广大的观众群体为目标,那么"抱歉,我听不懂"就是一个很严峻的信号。它意味着你不知道怎样有效地传达你的创意,或者这个创意本身就有不合理的地方。不管是哪一种情况,你都必须回过头去把它搞清楚。如果你决定开始写剧本,想必你周围一定有一些能给你提供支持的创作伙伴——一个写作小组、一些业内人、在工作中认识的一起聊电影的朋友、家人。如果没有,那你应该找一个。你希望这些人能像你自己一样,为你写的东西感到激动。你甚至可能想一边写,一边让他们看。J. K. 罗琳[4]说过:"除非有人想听,否则就没有故事存在。"如果你想讲的故事只能吸引你自己,那么很难看出有什么必要为它花时间。如果你身边没

---

1 如果你写了一个剧情简介,为了安全起见,最好去美国编剧协会的网站上对这个创意进行注册,好吗?网址:www.wgaregistry.org。——作者注
2 斯派克·琼斯(Spike Jonze),美国导演,代表作《成为约翰·马尔科维奇》《她》。
3 查理·考夫曼(Charlie Kaufman),美国导演、编剧,代表作《美丽心灵的永恒阳光》《纽约提喻法》。
4 J. K. 罗琳(J. K. Rowling),《哈利·波特》系列小说的作者。

有创作伙伴，而你又立志想成为一名编剧，那么你应该找一个，或者搬家。真的。这项工作很难在一个真空的环境里进行，更不用说取得成功了。你需要跟其他搞创作的人接触和交流，你尊重他们的观点和看法，珍惜并且喜欢他们的陪伴。你需要这些人的帮助和支持，他们能真正理解你在做什么。

如果你找到了对的人，找到了足够数量的人来检查你的创意，就会发现构思精巧的电影创意，并不是简单地拿旧的概念老调重弹，比如"这是女性版的《宿醉》……"或"这是发生在太空里的《速度与激情》……"最好的、最有影响力的创意，能对它所属的类型，对电影行业整体的发展作出贡献。想一想乔丹·皮尔的《逃出绝命镇》（*Get Out*）、迪亚波罗·科蒂的《朱诺》（*Juno*）、贾德·阿帕图的《四十岁的老处男》（*The 40 Year-Old Virgin*），都是原创。除了票房上大卖，它们还是"话题电影"，能引起热度。《雷神3：诸神黄昏》对电影行业的创意有贡献吗？可能没多少。但是你也没机会给这样的电影当编剧，除非你已经凭借某个精巧的原创剧本吸引了一些注意力。莱恩·约翰逊为什么能得到自编自导《星球大战8：最后的绝地武士》（*Star Wars: The Last Jedi*）的机会，不到两周就狂揽十几亿美元的票房？因为他五年前就自编自导了一部非常酷、非常引人注目的原创电影，叫《环形使者》（*Looper*）。这就是写出一个精巧的原创剧本的价值和重要性，而它的起点就是创意。

这有一点双重标准。好莱坞非常渴求成熟概念和IP（intellectual property），也就是我们已经见过的东西，因为熟悉，所以营销时更容易，也更便宜。但好莱坞不是要从你这么一个名不见经传的小编剧身上寻找这些东西。在你身上，好莱坞想寻找的是鲜活的新声音……然后他们就可以雇你去给大众熟知的电影系列写续集了。迈克尔·阿恩特写了《阳光小美女》(*Little Miss Sunshine*)，这是过去20年来，最有新鲜感和最令人满意的独立电影之一。这是他第一部获得投拍的剧本，一部原创剧本。此外，他的作品还包括那部很有创意和启发性的《玩具总动员3》，以及《星球大战7：原力觉醒》(*Star Wars: The Force Awakens*)。所以，是的……好莱坞有一点虚伪。电影公司在同时寻找新鲜的和熟悉的东西。如果这让你感到困惑，你得自己克服。苦闷、愤恨和对抗只能给你创造出一个新的障碍——你自己的态度。眼前的障碍已经够多了，没必要再多加一个。你要证明自己是新鲜的，有原创性的，这样也许有一天，掌握权力的人会找到你，让你写一个更安全、更熟悉的东西。有人让我们把电视剧《我的三个儿子》(*My Three Sons*)改编成电影剧本，因为我们给《居家男人》(*The Family Man*)写了原创剧本。太阳底下无新事，这话确实不假。但这并不意味着，写定制剧本的编剧就必须放弃创造性和原创性。总会有鲜活的、全新的和吸引眼球的方式，来呈现我们都已经见过的东西。

最后，给你一点鼓励。我们花了五年时间，才把一个创意写成剧本，然后卖给了电影公司。那五年是我们从"我听不懂"到"好的，我明白了"，最终达到"这个我必须拿下"的历程。我们分享自己的经验，以及一路走来所得到的见解，是想帮你节约一点时间。你的旅程也许花的时间更少，也可能更多。只要你喜欢，只要你被它吸引，只要你负责任，不给自己或他人带来伤害，那么就去努力追求吧。当最终有了回报的时候，你会获得巨大的满足感。

给你的创意找到定位：商业大片 vs 独立电影

你的电影创意必须是大制作、高预算的主力大片吗？不是的，虽然这样没什么不好。对于你的编剧事业而言，一部大胆的独立电影剧本，可以跟一部大制作、高预算的商业大片起到相同的作用。看看之前提到过的例子：《朱诺》《阳光小美女》和《环形使者》。看看肯尼斯·罗纳根[1]、莉娜·邓纳姆[2]和汤姆·麦卡锡[3]。那么你怎么才能分辨，你想出的创意，你想写的电影，到底是一部商业大片，还是一部独立电影呢？一般来说，商业大片里的主角是：超越生活的角色，处在超越生活的情境中。想一想《火星救援》(*The Martian*)，大明星马特·达蒙扮演的马克·沃特尼是一个宇航员，同伴们逃离一次致命风暴的时候，把他意外遗忘在了火星上。接下来，他想尽办法与NASA取得联系，在生存资源耗尽之前，想办法逃离了这颗红色星球。作为对比，再想想《朱诺》里艾伦·佩吉的角色。这部电影发行时，佩吉相对来说还是个没人认识的新人，饰演另类的16岁高中女生朱诺·麦高芙，在跟她的朋友帕里·布里克睡过一次之后，她怀孕了。朱诺决定挑战人们的预期，拒绝流产，把孩子生下来，交给一对更合适的夫妻抚养。复杂的事情接连发生，但《朱若》里的情境和角色其实都没有超越生活。这个故事既风趣聪明，又情感丰富，而且非常生活化。朱诺在影片中的经历，甚至在地方报纸上都算不上头

1　肯尼斯·罗纳根（Kenneth Lonergan），美国编剧、导演，代表作《纽约黑帮》《海边的曼彻斯特》。
2　莉娜·邓纳姆（Lena Dunham），集编、导、演于一身，代表作《都市女孩》。
3　汤姆·麦卡锡（Tom McCarthy），美国演员、编剧、导演，代表作《聚焦》。

条，但这部影片却赢得了评论界的赞赏和观众的喜爱。编剧迪亚波罗·科蒂从此开启了成功而持久的影视编剧事业。

另一个例子是《伯德小姐》（*Lady Bird*）。西尔莎·罗南饰演的伯德小姐，是一个正值青春期的古怪高中生，生活在萨克拉门托，却总是梦想着离开这里，开始大学生活。她和她的妈妈之间有着一种深沉而又复杂的关系。妈妈想让她留在家乡，念一所学费更低的大学。这个剧本特别棒，电影拍得也很棒。它不像《神奇女侠》（*Wonder Woman*）[1]赚那么多钱，有那么多的观众，但格蕾塔·葛韦格给《伯德小姐》写的剧本引起了很高的热度，还提名了奥斯卡奖。它推动了电影行业整体的发展。格蕾塔·葛韦格写出了一个精巧的剧本。

所以，一个构思精巧的创意可以是独立电影创意，也可以是商业大片创意。真正的区别通常在于故事的规模，以及三个C在创意中所占的相对比重。独立电影倾向于更多地依赖角色，而不是概念。它们也不太可能会吸引那些只看重创意的买家，除非买家已经对这个编剧很熟悉，而且有兴趣了。角色主导的创意常常被认为"依赖执行"（execution dependent），这听起来也许很傻，所有的电影不都要依赖执行吗？那些高概念电影和系列电影，不也跟角色主导的电影一样容易搞砸吗？是，但也不是。如果你把你的原创剧本，和刚刚完稿的《蜘蛛侠》系列最新续集的剧本，同时交给索尼影业，公司高管在决定要拍哪一个时，并不会对两个剧本采取相同的判断标准。他们肯定会拍《蜘蛛侠》，即使那个剧本还需要花很多钱进行

---

[1] 根据DC漫画人物亚马孙女战士戴安娜改编的电影，盖尔·加朵主演。讲述神奇女侠离开家乡，加入美国空军，在第一次世界大战期间与盟军在欧洲战场并肩作战的故事。——作者注

修改，但他们就是会拍它。而你的原创剧本要不要拍，则需要酌情决定。不管是角色主导还是概念主导，你的原创剧本都必须正中靶心，必须构思精巧。由于依赖执行的创意要卖出和投拍的难度都更高，所以他们需要真正有卖点的剧本，独立制作是这样，电影公司更是这样。当然，如果你写的是《逃出绝命镇》，或《月光男孩》，或《海边的曼彻斯特》，那你就什么都不用担心了。

这个创意适合我吗

现在你已经有了一个创意。检查完之后，你确定它很有新鲜感，或至少提供了一种新鲜的方式。你也清楚了它属于商业大片还是独立电影。所以……这就是你应该写的剧本吗？也许是，但有时候不是。你必须问自己，这个创意你能不能写好。每个编剧都有自己最擅长的领域。如果你感觉不到自己就是它的最佳人选，那么这个创意就不可能会精巧，真的不可能。作为编剧，你得了解自己的方向和能力。要用这些来判断哪个创意你应该写，哪个创意可以先放一放，哪个创意应该彻底放弃，或者转给其他编剧写。我们特别不擅长构思动作场面，所以我们一般不写动作片。如果你想到了一个恐怖片的概念，但你12岁以后就再也没看过恐怖片了，那么你也许不应该写这个创意，至少不要用想当然的方式写。再看看《土拨鼠之日》的概念，它完全可以发展成一部恐怖片[1]。也许你可以把你的恐怖片创

---

1 实际上，很多年后这的确发生了，看看2017年的《忌日快乐》，编剧是斯科特·劳勃戴尔，制作公司是布鲁姆豪斯影业。——作者注

意改成喜剧片，或其他你更擅长的类型。如果不改的话，你也可以把它交给一个喜欢恐怖片的朋友，或跟某个真正热爱和擅长这种类型的人合伙写。或者，你也可以自己试试。也许你能在自己身上和你的写作中，发现一些意想不到的东西。相对来说，你作为一个外来者，甚至可能对这个类型作出某些新的贡献。但一般而言，你可能还是会写你最喜欢看的电影类型。如果你以前从来没考虑过这个问题，现在可以想一想。在你明确自己的创作风格，寻找自己的创作方向时，这能帮你节省大量的时间。

仔细想一想你最喜欢的电影，而不是"最好"的电影。不要参考AFI[1]的榜单。我们都知道《公民凯恩》很伟大，我们也都喜欢《教父》前两部。但我们讨论的是你最喜欢的电影。喜剧片、剧情片、惊悚片、动作片、恐怖片、科幻片……哪些影片是你能一遍又一遍地看，永远看不腻的？哪些影片你换台时偶然看到，然后就忍不住一直看下去了？无论故事演到了哪里，因为你真的太喜欢它了。好吧，按这个标准依然可以把《教父》留下。列出一个单子，选出5部或10部、20部影片。这其实是一个非常好、非常有用的练习，可以判断你最想写的电影类型，以及你实际最适合写的类型是什么。让这些电影成为你的北极星，指引你寻找到最能发挥出你才能的影片类型，并从它们身上获得启发。

在我们自己事业的初期，发生过一件有趣的事，能说明寻找精巧创意的过程及其重要性：1993年，我们写了一个剧本，叫《饕餮之人》（*People of Girth*），讲的是四个饿坏了的暴食症患者，占领了

---

[1] 美国电影学会（American Film Institute）。

一家24小时不限量的自助餐厅,经理试图把他们赶出去,反倒被他们劫持为人质。作为创意和作为完整剧本,《饕餮之人》都吸引了一些人的注意,但这个剧本离精巧的距离还很远。实际上,它充满了各种漏洞,而这些漏洞正是我们想通过这本书来帮助你避免的。《饕餮之人》没给我们赚到一毛钱,但尽管它有那么多缺点,依然有人欣赏这个概念的潜力和这个剧本的搞笑风格。它是一个相当好的写作样本(writing sample)。

写作样本,就是能用某种方式展现你的才华,帮助你跟项目经理、经纪人、制片人等业内人展开对话的剧本。即使它不行,即使它卖不掉。《饕餮之人》就是这样,我们希望它能帮我们找到一个代理人。这些希望最后基本上都落空了。我们把剧本提交给了20个不同的代理人,所有人都拒绝了,其中有一个还写了封礼貌的拒绝信,说自己是"减肥俱乐部终身会员",除了乔丹·贝尔(Jordan Bayer)。

他不久前刚刚从一家大经纪公司离职,开始自己单干,开了一家小剧本中介公司,叫"原创艺术家"(Original Artists)。他读了《饕餮之人》之后,问我们想不想一起吃个早餐。在世纪城[1]的德里熟食店(早已关门了)吃了几盘熏鱼后,乔丹说他觉得我们的剧本卖不掉,但我们展现出了一种新鲜的搞笑风格,这比剧本本身更有商业潜力。他告诉我们,如果我们真的想,他可以把《饕餮之人》交给一些制片人和高管看看,也许能促成几次会面。他接着说,在这些会面中,也许就会有创意形成,然后我们就可以拿去卖,也许,就

---

[1] 世纪城(Century City)是洛杉矶西部重要的商业中心和住宅区,很多电影、电视和音乐公司都在这里设有办事处。

能找到一家电影公司，愿意花编剧协会所允许的最低稿酬，雇我们写一个剧本。但那会是一个非常漫长的过程，而且乔丹不推荐这样做。他推荐的方法是，我们从一个更加主流、更加商业、构思精巧的创意出发，重新写。他甚至提出帮助我们检查这些创意。他根本不知道这让他自己陷入了怎样的境地。

两周后，为了充分利用他提供的帮助和这个机会，我们回到了德里熟食店，但这一次，我们是带着准备好的16个原创创意来的。16个！除了你的丈夫或妻子之外，其他人想听的数量最多也就3到5个。但我们当时太年轻了，也没经验，还有些过于急切。因为我们终于找到了一个人，相信他能帮助我们启动事业。在把每一个创意都试一遍之前，我们不会放他走的。到最后，我们盘子里所有的熏鲑鱼和白鲑鱼都吃完了，乔丹疲惫的双眼变得呆滞，这时我们终于用一个概念抓住了他的注意力。它讲的是一个12岁的懒虫，一夜之间神奇地变成了一个天才，颠覆了朋友、家人和老师对他的印象。那是1993年，《小鬼当家》（*Home Alone*）的主演麦考利·卡尔金是世界上最大牌的明星之一。电影公司想要这种儿童主演的家庭喜剧，这正是一个让电影获得投拍的方法。乔丹觉得，如果我们能把《饕餮之人》里的那种搞笑风格，带到这个更讨电影公司喜欢的创意里来，或许可以有所作为。我们想听到的就是这句话。

这个少年天才的剧本我们写了两稿，但都没有得到乔丹的肯定。看完第一稿后，他给我们写了一份很长的审读意见和要考虑的问题。我们竭尽全力地按照那些意见修改，回答那些问题。我们以为自己得到了考试题的答案，觉得只要遵循他的指示，就一定不会失败。但我们错了。就像写原创剧本一样，处理审读意见也是一门艺术，我们还没有足够的智慧、经验或技巧，不知道怎样才能更好地吸收他的反馈[1]。读完第二稿后，他打电话过来，传达了一个坏消息："两位，"他说，"这个创意可能不行。"

我们非常震惊。但我们心底没有放弃，心底有一个声音告诉我们，这个创意一定行。我们只是还没做对。所以我们收拾行囊，跳进车里，开到拉斯维加斯去寻找答案，我们到底是哪里错了。我们在撒哈拉酒店订了一间房，每晚15美元，然后去时尚秀购物中心吃饭。我们坐在餐饮区，问了自己一个简单的问题，这个问题帮我们破解了写剧本的全过程，也为我们在本书中分享的独家方法埋下了种子。

这部电影讲的是一个12岁的孩子神奇地变成了天才。当时，这是迪士尼会拍的那种电影，距离他们后来买下漫威、卢卡斯影业和皮克斯，还有很长时间。所以我们问自己："如果迪士尼要拍我们的电影，会是什么样？"这是我们第一次自上而下，从电影公司的角度来审视我们的创意，当我们这样做时，答案很快就清楚地浮现出来了。就如同天堂的大门打开，天使开始歌唱。我们迅速写出了角色的创意和故事的步骤，手速几乎跟不上大脑运转的速度。不是因为我们发现了某种秘密公式，根本没有什么公式。而是因为我们第一次看透了这种电影应该具有什么样的结构和基调。它会由一家具有特殊标签的电影公司发行和推向市场，吸引人们偕全家老小一起去看。每个剧本里都有数百次创意方面的决定，故事方面的选择，还有那些我们觉得好笑、可怕或聪明的东西，它们不再只是与我们自己

---

[1] 第九章会谈到更多处理审读意见的内容。——作者注

有关了，还跟我们未来的合作伙伴有关，也就是电影公司。它们还与电影最终在银幕上呈现出来的样子有关。那顿饭结束时，我们爆发出了强烈的自信与激情，给乔丹寄了一张明信片，告诉他我们已经破解了这个创意的奥秘，之后他会再收到我们的消息。

　　几周后，我们像之前保证过的那样，把新的一稿拿给乔丹看。他终于看到了他在德里熟食店，第一次听到这个概念时所想象到的东西。虽然还有一些地方要改，前方的工作依然艰难，但我们不再感到自己身处黑暗之中了，为这个几乎是随机想出来的创意激动万分。我们明白了这是一部什么样的电影，是给谁看的——什么样的买家，什么样的观众。我们绕了很多弯路，经过了痛苦的学习，才走到这一步。但我们有十足的决心和毅力，再加上乔丹的耐心，终于在1994年春天写出了一部青春喜剧（coming-of-age comedy）的剧本，叫作《神童》。读完正式提交版的四天之内，乔丹就联系了幼年的伊利亚·伍德出演，并把这个剧本跟另一部打包卖给了二十世纪福克斯，总价值接近75万美元，显然比编剧协会的最低稿费标准高多了。经过五年的尝试，我们终于把一部电影卖给了一家主流电影公司。我们的事业开启了。但标志着开启的不是大公司的垂青，而是在拉斯维加斯时尚秀购物中心的餐饮区，发生的那次视角和方法的转变。"迪士尼会怎么做？"正是这个问题，颠覆了我们自写剧本以来一直在用的方法。这就是我们这个独家方法的核心，它贯穿了我们事业的始终，指引着我们共同向目标前进。

寻找经典电影范例

如果你要养育一个孩子，可能会想在他身上培养出一些明确的特质，比如善良、慷慨、谦虚、勇敢、自信等等。你会景仰某些自己在生活中认识的人，比如具备这些品质的家庭成员、街坊邻居，或某个你虽然了解，但可能从未见过面的人。你从这些人身上学习，在教育和引导孩子时把他们当作榜样。这些人就是你为孩子选的范例，你希望孩子能成为这样的人，或希望他至少能具备其中一些品质。你并不是在鼓励孩子违背自己的本心，你希望他是世上独一无二的人，但同时也要从前人身上学习和吸收有价值的东西。

电影也一样。你不是在真空里创造和写作。你试图在剧本里做的一些事情，其实已经有别人做过了，也许还做得很成功。你希望从这些编剧身上，从他们的电影中学习。你希望从前人及其作品的成败中，尽可能多地受益。

现在，你已经有了一个让自己充满热情的创意；有了概念、角色和背景；知道自己写的是什么类型。你跟别人聊过你的想法，你相信并且尊重他们的观点。你感觉非常好,而且坚信如果你好好地把这个创意执行下去,这个原创剧本将标志着你的编剧事业正式开启。这是一种很棒的感觉,拥抱它,享受它吧。因为不久之后,工作就要变得更难了,这种自信和热情将会更难以维持。但我们暂时还没到那一步,现在还是好玩的阶段。实际上,这也许是工作中最好玩的阶段了,直到你最后真正把剧本卖出去为止。在这个阶段,你要看大量的电影,也就是你打算写的剧本的范例。了解和分析自己的范例,有助于为你的故事照亮前方的道路,以及暴露出错误,并帮你避开死胡同。这也是写出精巧剧本的关键一步。

你的目标是写出一个能引起讨论和热度的剧本。怎么做到这一点呢?如何才能吸引业内人的关注,让你的剧本在好莱坞产业链上,从一环转到下一环呢?答案就是,给你的类型增加一些东西,做一些从未有人做过的事。想一想喜剧片类型里的《宿醉》,超级英雄类型里的《死侍》,恐怖片类型里的《逃出绝命镇》。只有对迄今为止的同类型影片有了全面的了解,你才有可能加入创意性的革新。素养也很重要,实际上,这是必不可少的。好消息是,我们所说的不是真正的文学素养,你不用去读《贝奥武夫》[1]和《米德尔马契》[2]。这里说的是电影素养,指的是阅片,当你一边看电影,一边自称在"工作"或"学习"时,你的父母或配偶会不以为然地翻个白眼的那种。你只需要看一看《小鬼当家》《盗梦空间》《肖申克的救赎》……也就是你想写的那个类型中最具标志性的电影。

---

1 《贝奥武夫》(*Beowulf*),有记载的最早的一部英国文学作品。
2 《米德尔马契》(*Middlemarch*),乔治·爱略特所著长篇小说。

为自己赢得一席之地

当然,给你的电影找到合适的范例,并不只是为了引起热度和提高电影素养,也是为了写出你能力范围内最好的剧本,成为你能力范围内最好的编剧。想一想你的创意。谁是你这个类型里的剧本大师?当年我们踏入这行时,遵循的是20世纪90年代中期的写作理念,写的是角色主导的喜剧片,追求的是搞笑、主题上的丰富和情感上的满足。我们最景仰的编剧是洛维尔·冈茨和巴巴卢·曼德尔[1]。在你写的剧本类型里,有哪些珠玉在前?想象一下,有这么一张桌子,围坐在桌旁的人,都是对你这个类型做出过最大贡献的编剧、导演和制片人。那么坐在这张桌旁的人都是谁?他们各自凭借什么影片为自己赢得了席次?你必须把这些电影里外吃透,然后才能得到自己的一席之地。

我们在开发《居家男人》这个项目时,执行制片人乔恩·塞斯泰克(Jon Shestack)给我们下达了一个非常明确而又令人振奋的命令。他告诉我们,他希望未来的编剧在创作类似的故事时,我们的电影能成为被人景仰的"珠玉"。很多年后,我们听说迪士尼动画的高管在剧本会上把《居家男人》作为范例。你也希望你的作品有一天能成为其他人景仰和讨论的影片之一,你希望在那张桌子旁得到一个座位,你希望成为范例,那就把标准定高一点,向顶尖的人学习。

---

1 洛维尔·冈茨(Lowell Ganz)、巴巴卢·曼德尔(Babaloo Mandel),两人的代表作有《夜迷情》(*Night Shift*)、《美人鱼》(*Splash*)、《城市乡巴佬》(*City Slickers*)、《温馨家族》(*Parenthood*)。

在这里要明确地重申一下，这并不是在给你提供一种公式，让你在写自己的剧本时套用。根本没有公式。也不是让你复制以前的电影，而是让你向它们学习，更好地理解你自己这部电影的语言。从前辈身上学习并不会削弱你的原创才能。连吉尔莫·德尔·托罗[1]和韦斯·安德森[2]也会从其他导演的电影中获取灵感和学习知识！所以不要试图从零开始，闭门造车。为原创而原创并不会给你加分。能给你加分的是有用的东西，而有用的东西，永远都有用的东西，就是尊重戏剧惯例和类型惯例，并且在前人作品的基础上进行原创。

所以想一想你的创意，想一想哪些电影跟你想写的剧本在概念上有共同之处，并且使用了相似的角色作为主人公。列出一个片单，这些电影你都要去看。如果以前看过，那就再看一遍。现在它们在你的眼里已经不一样了，因为你要写的东西跟它们是同类型的，或有着相似的角色、情节设计或故事引擎。把好片和烂片都列出来，两种都能让你有所收获。但要格外留意好电影，也就是那些采用了正确做法的影片。先去看标志性的作品，这样做当然是因为你希望向顶尖的作品学习，但还有一个原因是，这样能让你看清楚最高的标准是什么，以及你要克服的最大困难是什么，它就横亘在你现在的位置和你渴望达到的目标之间。要努力为你自己在桌边赢得一席之地。

---

1 吉尔莫·德尔·托罗（Guillermo del Toro），墨西哥导演，代表作有《地狱男爵》《潘神的迷宫》《环太平洋》，并凭借《水形物语》获得威尼斯电影节金狮奖和奥斯卡最佳导演奖，与阿方索·卡隆、亚利桑德罗·冈萨雷斯·伊纳里多并称为"墨西哥三杰"。
2 韦斯·安德森（Wes Anderson），美国导演，代表作有《水中生活》《了不起的狐狸爸爸》《月升王国》《布达佩斯大饭店》，并凭借动画电影《犬之岛》获得第68届柏林电影节最佳导演奖。

擦亮眼睛，边看边想

当你列好了片单，标出了采用正确做法的影片，以及那些有点跑偏甚至严重跑偏的影片之后，就开始拉片吧，同时做好笔记。要注意怎么做有用，怎么做没用。这部影片是什么结构？这部影片是不是情节过于复杂，令人费解？它是不是简洁凝练？编剧如何确立主角？这部影片是怎么开场的？里面有多少桥段？它们在故事中起什么作用？是不是多线叙事？如果是，各条线如何互相连凑？如何结合成一个整体？你写的是一个科幻冒险剧本吗？比较一下《星球大战4：新希望》和《星球大战8：最后的绝地武士》，它们分别用什么样的方法把我们引入故事，各个人物和情节线如何发展，如何交织在一起。你注意到了哪些东西？哪一部片子的方法更有效？为什么？你写的是一部家庭喜剧吗？看一看《老爸当家》（*Daddy's Home*），把它和我们的电影《老家伙》（*Old Dogs*）进行对比。我们很爱《老家伙》，那些从小看这部电影长大的孩子，会在我们面前引用里面的台词，这让我们感到无比满足。但《老爸当家》的实现效果更完整，商业上也更成功，还拍了续集。为什么？有什么区别？去看一看约翰·休斯[1]的家庭喜剧吧，比如《巴克叔叔》（*Uncle Euck*）。

我们抵达拉斯维加斯，然后去时尚秀购物中心吃饭那天，是想搞清楚《神童》的前两稿问题在哪里。我们的顿悟，其实就是之前没有选对范例。如果我们一开始就问自己"迪士尼会怎么做"，而不是

---

[1] 约翰·休斯（John Hughes），《小鬼当家》系列的编剧兼制片人，自编自导的代表作有《早餐俱乐部》和《春天不是读书天》。

用脑袋撞墙，苦思冥想主角实现愿望后的每一种可能的后果，那我们就能给自己免去几个月的工作和痛苦了，更别提代理人为了引导我们所耗费的时间了。我们写的是一部愿望实现类的喜剧，讲的是一个12岁的孩子神奇地变成了一个天才。它的范例是什么？是《飞越未来》（*Big*）。就是它，对吧？它不是我们想复制的对象，而是我们想学习的对象，把它当作我们的标准，我们的北极星。

《飞越未来》上映的前后几年间，还有另外两部成年人和小孩子身体互换的影片问世——达德利·摩尔和柯克·卡梅隆主演的《有其父必有其子》（*Like Father, Like Son*），祖德·莱茵霍尔德和弗莱德·萨维奇主演的《小爸爸大儿子》（*Vice Versa*）。这三部影片里，《飞越未来》是评论界和影迷都喜欢的，而且是唯一一部获得了奥斯卡提名的（加里·罗斯和安妮·斯皮尔伯格获最佳原创剧本提名，汤姆·汉克斯获最佳男主角提名）。它不只是一部商业上成功的作品，还是一部真正的佳作，既搞笑，又深刻。《飞越未来》当时是这个类型中最好的作品，也许现在依然是。对《神童》，以及对作为编剧的我们来说，还有比《飞越未来》更好的范例吗？

当然，还有其他的范例。《金臂小子》（*Rookie of the Year*）怎么样？虽然在AFI的"百大佳片榜"上找不到它，你甚至可能不记得或没听说过它。1995年发行的《金臂小子》讲的是一个12岁的棒球爱好者摔断了胳膊，愈合后能投出时速超过100英里[1]的球，他因此进入了芝加哥小熊队的投手名单。这是一部幻想成真类的青春片，就跟我们的电影一样。我们写《神童》的时候它刚出来，给制作公司

1　1英里等于1.609千米。

二十世纪福克斯挣了不少钱。在终于搞清楚了我们写的到底是一部什么样的电影之后,我们就把《金臂小子》也列入了范例片单里,跟其他幻想成真类的青春喜剧放在一起。现在,《神童》没拍出来。它没有像《飞越未来》那样,成为一部能让其他人学习的电影。但它的确开启了我们的事业,是我们第一部卖出了大价钱的原创剧本。猜猜买家是谁?二十世纪福克斯的……鲍勃·哈珀(Bob Harper),他就是《金臂小子》的制片人!寻找到正确的范例是非常关键的,实用且有效(我们自己的事业就是证明)。

向前辈取经

我们写《居家男人》时,花了很多时间讨论《土拨鼠之日》、《佩姬苏要出嫁》(*Peggy Sue Got Married*)、《天堂可以等待》(*Heaven Can Wait*)、《生活多美好》(*It's a Wonderful Life*),这些电影讲的都是主角有机会从另一个视角来看待自己的生活,审视原本的自己在其他环境下会发生什么变化。我们还讨论了一部不那么有名的影片《命运先生》(*Mr. Destiny*),讲的是一个成年角色,把生活中所有的问题,都归结于自己在高中时的一场棒球赛中,错失了一个"重要的球"。接着他看到了,如果当初接住了那个球,他的生活会是什么样。这些电影都未必精确地符合我们的电影类型,但它们都探讨了相似的主题,或表现了相似的幻想,而且都为后人提供了指导和灵感,以及需要达到的目标和需要避开的陷阱。

你现在选择的范例,在你写剧本期间和写完剧本之后都有用处。随着你对自己的故事和角色了解得越来越多,对该类型的佳作范例了解得越来越多，你还可能会在片单上追加新的影片，并且回过头去复习之前已经看过的影片。等到你要卖自己的剧本时，当你第一次跟电影公司高管坐在一起，听取对方的审读意见，并讨论后续的推进时，你们可能会提到其中的一些范例，还可能会吸纳更多新的范例作为参考。

我们永远忘不了与派拉蒙影业的第一次会面，制片人马克·戈登（Mark Gordon）把我们的剧本《关岛登月》从福克斯带到了派拉蒙。我们的新高管是派拉蒙的制片部门副总裁唐·格兰杰（Don Granger）。我们永远忘不了20多年前的那次会面，因为唐·格兰杰给我们的审读意见，或许是我们收到过的最好、最有启发性的审读意见。他的意见好在哪儿呢？首先，他膝盖上放着一份我们这部剧本的复印件，封面上潦草地写了几行字，但他从来没有真正翻开剧本，也没有看一眼下属给他整理的备忘录。至少在这第一次会面中，他只专注于全局。唐·格兰杰明白《关岛登月》想拍成什么样。在谈到我们的剧本，或他认为我们需要做哪些改动，以及谈谈为什么要改动之前，他先跟我们聊了聊《关岛登月》这种类型的传统，正是这个类型的影片给他带来了启发，让他对进入这个行业产生了兴趣。他提到了《纳瓦隆大炮》（*The Guns of Navarone*）这样的经典影片，把我们拉进了一场充满激情的对话，一场影迷之间的对话，一起讨论《纳瓦隆大炮》、《遥远的桥》（*A Bridge Too Far*）和《桂河大桥》（*The Bridge on the River Kwai*）的优缺点。然后他才把话题转回手头的工作，说："好了，现在我们来说说《关岛登月》。"接下来，他指出了四个他认为对我们的电影至关重要的领域，以及我们为什么有机会在这些领域中继续挖掘，有机会想出更有影响力的点子。当他知道我们已经理解了现状和目标之间的差距时，会面就结束了。就这样，虽然没有对台词的意见，没有对场景的意见，没有对角色的意见，但这些都与我们这部电影的总体创意有关——角色、概念、背景。当我们修改完毕后，电影公司雇了一个导演，开始筹备拍摄。

选对范例是很重要的。生活如此，电影同样如此。它在萌芽阶段很重要，这时你要明确你的创意，确立你的梦想，设想它会成为什么样子。它在写作期间很重要，这时你要在结构和每个场景中寻找方向。它在修改和完善阶段也很重要，这时你离自己的目标已经越来越近了。

现在，去做你最好玩的家庭作业吧。列出你的范例片单，然后开始看片！

脱颖而出：一页剧情简介

几个月后,当你写完了剧本的第一稿,准备把它交给某个经纪人、代理人或制片人时,会发生这样的事:他们会让某个人替他们审读和评估。这在你看来也许非常荒唐。读个100页的剧本很难吗?!好莱坞的问题就出在这里!怪不得拍出来的电影都那么烂,因为他们都不读剧本!你可以把这种愤怒添加到"成功之路上要克服的障碍"清单上。经纪人、代理人和高管手下都有专门评估剧本的助理、实习生和兼职审读人,他们自己确实没有时间把收到的剧本全都读一遍,因为他们同时还要为客户,以及手头正在开发和制作的项目服务。读剧本虽然不难,但是很耗时间。跟编剧交流,提供反馈,给出审读意见,这些都要花时间。大部分编剧都会带着改过的剧本再来试一次,就像我们多年以前找乔丹·贝尔"二进宫"时一样。对收剧本的人来说,这是工作的一部分,但请他们读剧本的人不止你一个。你不是好莱坞唯一的编剧,当然也不是唯一想挤进这一行的编剧。如果你想得到那些代理人、经纪人或执行制片人的关注,首先要能闯过替他们评估剧本的审读人这一关。审读人是阻挡蜂拥而来的编剧的第一道防线。而你的目标就是穿过这道防线。在接下来这个步骤里，我们会帮你做到这一点，写出脱颖而出的一页剧情简介（one-pager）。

审读人在评估你的剧本时，会给你的故事写一份剧情简介，篇幅为一页纸。这份剧情简介能够帮助他们判断你的剧本值不值得进一步考虑，或至少应该起到这一作用。如果评估等级是"不行"，那么他的老板就不太可能去费心读这个简介，更不用说完整的剧本了。如果评估等级是"推荐"或"可以考虑"，那么他的老板会看一下编剧写的梗概（logline），也许还会看一下剧情简介，来判断到底值不值得花时间亲自读一遍剧本。写一页剧情简介的主要目标之一，就是用你的方式，尽量替审读人把他们的工作做了。虽然你无法真正替他们去写，但至少可以确保，他们能根据你所提交的剧本，写出一份简明、清晰，并且引人入胜的一页剧情简介。这些审读人大多数都有足够的经验和能力，去公正地对待他们发现的好故事。很多审读人自己就是编剧，他们由衷地希望能读到好剧本，而不是烂剧本。而且，如果发现了一颗真正的钻石，他们就是英雄。让审读人成为英雄就是你的任务。

综上所述，一份能够脱颖而出的一页剧情简介，所能带来的第二种好处，以及背后的目标，其实就是让你的剧本进入高管的视野。它的首要目标是为你，也就是编剧，提供一张地图，引导你从这里进入讲故事和写剧本的流程。明白了吗？让所有人都能获益！

现在，在你开始写自己的一页剧情简介之前，还有一些事你需要知道。它们非常重要，不了解这些就动笔的话，后果自负。首先，你需要对故事结构有一个基本的掌握；其次，你不仅要知道你的电影讲的是什么故事，还要知道它的意义之所在；最后，你要设想你的故事将如何在105分钟的时长中展开，或者你觉得需要更长的时间吗？真的……需要吗？

掌握基本的故事结构

我们不是第一本走这条路的编剧书，而且在读我们这本书之前，你很可能已经上过悉德·菲尔德[1]或罗伯特·麦基[2]这些结构大师的培训课了，或者曾在谷歌上搜索过"如何写剧本"，这些都挺好。剧本结构这个话题已经耗费了很多笔墨，大家也花了很多钱去买书、上课和参加研讨会。实际上，自从大约公元前335年，亚里士多德在他的著作《诗学》里，对故事的构成进行了最初的探讨以来，并没有发生太多的变化。故事有一个开头、一个中部、一个结尾，一共三幕。第一幕是背景设置，第二幕引入故事的含义和复杂性，并进行发展，第三幕是解决问题。除非你是先锋电影爱好者，否则你看过的每一部电影，不管是院线上映的、电视播出的，还是流媒体在线播放的，都是三幕式结构。你的剧本也应该是这样，否则就会卖不出去。这一点很清楚，对吧？不管你写的是商业电影还是独立电影，你的剧本都必须坚持三幕式结构，否则就卖不掉。如果你们中间还有些人是怀疑论者、犬儒主义者或艺术纯粹主义者，拒不相信自己必须

---

[1] 悉德·菲尔德（Syd Field），美国著名编剧、制片人。曾在全球许多国家任教，现在是好莱坞电影公司的剧本审稿人以及编剧顾问。
[2] 罗伯特·麦基（Robert McKee），好莱坞编剧教父，他的著作《故事》一直是全世界编剧的必读经典。

接受这个体系，不相信自己必须坚持这种延续了几千年的惯例，那么请思考一下这个类比：想象一下你要买一座房子。这座房子很漂亮、很独特，是一件真正的艺术品。但当你进到房子里面时，发现没有卫生间或衣橱，而且厨房建在屋顶上，你还会买它吗？在设计和建造一座房子时，你享有各种创造性的自由，但前提是必须满足一些基本的预期和结构惯例，这样才能让这座房子适宜居住。你的剧本是一部电影的蓝图，它必须是三幕式。明白了吗？

你的第一幕应该向我们介绍故事发生在一个什么样的世界里。这一部分不仅要介绍你的主角，还要交代剧本概念的背景。角色、概念、背景。第一幕是对电影创意的戏剧性表达，即这个人，在这样的环境下，处在那样一个情境中。还要交代清楚，这个人在踏上这段即将到来的旅途之前，我们所需要知道的一切。第一幕结束。

你的第二幕，本质上是在证明你这个创意所具有的戏剧活力和戏剧潜力。我们会看到你的概念对你的角色，以及对他们所生活的世界产生了怎样的影响——如果是喜剧片，可以是搞笑的；如果是惊悚片或恐怖片，可以是吓人的；如果是奇幻冒险故事，可以是神奇的。戏剧风险应该随着故事的推进而提高。你的角色应该不断面对越来越难的挑战，要促使他们成为你希望他们成为的人。请注意，如果到故事结束时，电影里没有人受到考验，也没有哪个角色得到了进一步的明确，那么让他们，或者我们，来进行这段旅程的意义是什么呢？不过这一点我们稍后再详述。最重要的是，你的第二幕应该引人入胜、扣人心弦、娱乐性十足……它应该把我们带到别处，让我们沉浸于他人的生活，以及我们从未到过的地方。在第二幕的结尾，你的主角应该看似距离目标还有一段令人绝望的遥远路程，这个目标是在第一幕的结尾提出来的。跟一出场时相比,他此时的处境显著地恶化了,看起来已然失败了。第二幕结束。

随着故事进入第三幕,你的角色在第二幕里得到的经验和教训,应该有机会派上用场了。他可能会展现出比以往更加坚定的决心,投入全部的资源,来解决你给他设置的难题。或者,他也可能会失败,从而揭示出某个更深层的真相,关于他自己,关于他面对的挑战,关于他周遭的世界。最终,他可能赢,也可能输。这跟你的剧本基调,以及你想要通过这个故事传达的信息有很大关系。不管是哪一种,都要有一个结果。

如果你的剧本很成功,写得非常好,那么第三幕里的那个结果给角色带来的心理感受,对读者以及看完这部电影走出影院的观众来说,也应该能够感同身受。正义得到了伸张!爱战胜了恐惧!善良打败邪恶!真相大白于天下!或者……最后的结果也许未必有这么积极鼓舞,但它用一种尖锐、伤感而美丽的方式,揭示了某种关于角色,关于我们,关于我们所生活的这个世界的真相。不管哪一种,只要你的第三幕发挥了前面第二幕的潜力,而且打动了读者,那么你就能获得实实在在的回报,这是每一次写剧本时都应该追求的目标。

电影的故事 vs 电影的意义

现在,你正在对你的故事进行充实,是时候把"你的电影讲的是什么"这个问题提升到更高等级了。如果一个朋友或亲戚问你正在写什么,然后你把自己的创意告诉了他们,就像我们在第一章里讨论过的那样。"我在写一个剧本,讲的是一个因战败而心怀不满的南方士兵，劫持了林肯总统的葬礼列车，企图重新点燃内战的战火。而三个北方的'怪人'受雇去追回列车，并将犯人绳之以法。"[1]酷！但在进一步发展这个创意时，你将被迫面对的一个问题是：它的意义是什么？我们明白这个创意了，但这部电影真正要讲的是什么？

每一部电影都是通过角色和故事，来表现互相矛盾的价值观、视角和信仰之间所展开的一场辩论。爱能否战胜恨或恐惧？对真相和正义的追求是否比贪婪和腐败更强大？拉约什·埃格里[2]在《编剧的艺术》（*The Art of Dramatic Writing*）一书中对此作出了令人信服的阐述。他的用词和方法可能跟其他人的有所不同，包括我们的。他所说的命题（proposition），即一个戏剧故事为证明前提[3]而提出的论点，我们的叫法是主题（theme）。就像有人会把土豆叫马铃薯一样。重要的是，每一个值得讲述，值得花两小时去看，值得用你辛苦挣来的钱买电影票的故事，都应该有意义。你的意义是什么？现在是时候想一想了，并且在构思自己的故事时，对它进行发展。编剧就像一个正在对陪审团阐述理由的辩护律师。你的论点是什么？你要如何在105页纸之内推进并证明它？你这部电影的意义正在等着你，如果你还不知道它是什么，其实它就藏在你的创意中。你只需要将它梳理出来，这样就能为这个意义构建一个最好、最有影响力的故事。

---

1 这其实是在厚着脸皮推销一个我们非常喜欢的创意——《联邦传单》（*Union Flyer*）。——作者注
2 拉约什·埃格里（Lajos Egri），戏剧理论大师，生于奥匈帝国，10岁就写出了一部三幕剧。移居美国后，加入纽约的左派戏剧组织，并创立写作学校。
3 前提一词最初由拉约什·埃格里提出，即一部戏的目的，它的意义等同于一部戏的主题、中心思想、基本理论等。

故事如何展开

好了,你已经有了创意,也已经通过学习范例,看到了大师和高手怎样处理跟你类似的题材、主题、角色,或与你相同的类型,以及其他方面。你摩拳擦掌,非常自信,仿佛已经知道自己要做什么了。你还知道你这部电影讲的是什么,不只是情节,不只是谁身上发生了什么事,而是主题方面的。你知道自己想通过故事和角色,来潜在地表达些什么。你可能觉得自己已经可以准备动笔了。请先别动,因为这将会是一个巨大的错误,至少对你的剧本来说是。相信我们,现在投入一点点时间和思考,将会在之后为你节省大量的时间,避免很多潜在的痛苦。

现在,你需要花时间来想象一下,你的故事在最宏观的层面上应该怎么展开。如果把你这个创意拍成华纳版或福克斯探照灯版,会是什么样?想一想你的角色和情节设计,想一想你试图在这部电影里表达什么,是什么激发你把它写出来。就这个故事而言,有什么东西让你由衷地相信其真实性。想一想,怎样才能用一个戏剧性事件做到所有这一切。有哪些事是必须发生的?记下来。不要太死板,要大胆,要主动发散思维。现在做这件事,比后面实际写剧本时再做更好!复习一下你的范例。关于怎样做有用,怎样做没用,它们都教会了你什么。如果你真的很受启发,可以把场景和台词记下来,不过先别把它们用在你的一页剧情简介里,正如给一座房子画蓝图时,不需要从挑选浴室瓷砖这种细节开始。现在只要最笼统地描述就行了。去吧,我们给你留一点独处的时间。写完后回来,我们将要在一页纸上来讲你的整个故事……就像剧本审读人最后要做的那样。

浓缩剧情

如果你已经正确而充分地检查了你的创意，查阅了范例，也探索了你这个故事在戏剧性和主题上的弧[1]（arc），那么你就应该能在一页纸上把它宏观地展开。在一页纸上讲清楚你的故事有两个好处：这正好是剧本审读人写简介的篇幅，而且它能让你在继续充实角色和剧情的过程中保持坦诚、专注和方向感。它能让你对自己的故事保持3万英尺[2]高空的俯瞰视角，同时埋头处理每一个角色和情节的细节。它能防止你在杂草中迷失方向。

在发展我们自己的创意时，或在工作中，我们通常尽量在一页纸上写9步。在向大纲推进的过程中，会扩展到很多很多步，这张一页剧情简介，也就是第一次把我们的电影创意从头到尾展开的示意图，它看起来是这样的：

1. 开头是设置角色和他在世界中所处的位置。简明扼要。

2. 引入机会或挑战，有些人称之为"触发事件"或"冒险的召唤"，这会让故事开始发展。

3. 接下来是第一个转幕节点[3]，在这里，角色下定决心并

---

[1] 叙事弧（narrative arc），也称故事弧（story arc）、戏剧弧（dramatic arc），或简称为弧（arc），它是一个描述故事展开方式的文学术语，通过清晰的开头、中间和结尾，来确立整个故事的主干。叙事弧的概念由德国作家古斯塔夫·弗赖塔格（Gustav Freytag）创造，传统的叙事弧由五个部分组成：1. 背景阐述（exposition）；2. 上升（rising action）；3. 高潮（climax）；4. 回落（falling action）；5. 结局（resolution）。

[2] 1英尺等于30.48厘米。

[3] 转幕节点（act break）：从一幕转到下一幕的节点。

踏上旅途，可以是戏剧化的，也可以是喜剧化的，而这将不可逆转地改变他们以及他们的世界。

4. 在第45页前后，我们引入一个转折，加入能够颠覆游戏规则的新信息或新条件，大幅提高故事里的挑战和风险。

5. 接下来是中点反转（mid-act reversal），就是字面意思。这是一次更大、更显著，也更出乎意料的环境改变，迫使我们的角色重整队伍，可能还要改变路线。如果我们写的是一个愿望实现的故事，那这里就是事情开始变得不对劲的地方。如果是一个"许下心愿，结果却引来麻烦"的故事，那么在这里，角色就要最终搞清楚，怎样把原本看似是一种诅咒的东西转化成自己的优势。

6. 在第75页前后，我们用第二幕后半部分的一次反转或升级，再次把事情搅浑。接下来是……

7. 第二幕的结尾。无论第二幕开始时的局面是全面鼎盛，还是陷入黑暗，到了这里，主角都似乎输掉了一切。第二幕的结尾，是概念中的这些条件所能产生的最糟糕的结果。不可能比这更糟了。

8. 接着就更糟了。在第三幕，结束故事之前，我们要让角色经历最后一次考验，给他们一次机会去克服环境的限制，证明自己。

9. 这个机会通常会以一次最终决战的方式出现，或者也可以是这样一个桥段——主角必须深挖自己，唤醒他从来不知道自己身上所具备的品质和才能。他们最终明白了自己是谁，什么对自己最重要，以及如何调动所有资源，把他们的世界变得更接近理想中的样子。剧终。

现在我们来看一看，一页剧情简介实际上是什么样的。看看这部电影在宏观上是不是让你觉得非常熟悉，故事的主要转折是不是能成功地放进一页纸中……

星球大战[1]

1. 满怀抱负的驾驶员卢克·天行者被困在叔叔和婶婶的农场里干活，而他真正想做的事是跟朋友一起上军校，受训加入抗击邪恶帝国及其黑暗领袖达斯·维德的反抗军。

2. 卢克在他叔叔买来的一个机器人里，发现了一封来自反抗军领袖莱娅公主的信息，她在信息中向绝地大师欧比旺·克诺比求救。

3. 隐士欧比旺要求卢克跟他一起，把机器人里的消息送到反抗军手上。卢克拒绝了，但当他回家后，发现他叔叔婶婶都已被帝国冲锋队杀害，他意识到，除了老师欧比旺之外，自己已经无依无靠，而且除了反抗军，他也没有别的地方可以投奔。

4. 按照莱娅公主的指示，卢克和欧比旺准备前往奥德朗星球，他们雇了特立独行、唯利是图的飞行员汉·索洛……价钱很低。在旅途中，欧比旺开始训练卢克使用原力。当他们抵达奥德朗星球时，发现奥德朗已经被帝国最强大的武器——死星摧毁了。

---

[1] 这里的"一页剧情简介"都跨了两页，只是出于格式原因和为了进行说明。也就是说，不要因为纠结一页剧情简介的长度，而忽视了更重要的原则和目标——保持基本和简明，在一页纸上宏观地讲述你的故事，多一点少一点都可以。如果你写得稍微有点短或有点长，也不会影响它的作用，或降低你这个故事的潜力。——作者注

5. 他们的飞船被牵引波束拖入死星，达斯·维德感觉到了他们——尤其是欧比旺的存在，而达斯·维德的任务就是扫除反抗军以及所有幸存的绝地武士，包括他过去的老师，欧比旺。在躲避探测和追捕时，卢克和伙伴们发现莱娅公主被囚禁在死星上，马上就要被处决了。原本的"送货"任务现在变成了营救任务，要救他们自己、莱娅公主，以及危在旦夕的全体反抗军的命运。

6. 卢克和他的队伍救出了公主，欧比旺去解除死星捕获飞船的牵引波束。为了保证其他人安全逃离，欧比旺牺牲了自己的生命，引开了冲锋队，死在了维德的光剑之下。

7. 卢克受到了沉重打击，但莱娅和死星的设计图都被成功地送到了反抗军基地。汉·索洛拿到赏金后，想退出摧毁死星的任务，但帝国通过追踪他的飞船，已经知道了反抗军基地的位置所在，正准备将该星球摧毁。

8. 反抗军的战斗机对死星发起攻击，试图制造一次致命的爆炸。死星的火炮和帝国冲锋队逐一击落反抗军战斗机，追击卢克的正是维德本人。在他正要击中卢克，这最后一个给死星带来威胁的反抗军时，汉·索洛在关键时刻突然冲进来，向维德及其僚机开火，为卢克的关键一击扫清了障碍。

9. 卢克摧毁了死星，维德独自遁入宇宙。卢克和汉·索洛被莱娅和全体反抗军视为英雄。

当然，除了这一页纸上的9步之外，《星球大战》里还有很多神奇之处。但这个故事的基础，甚至很多你需要了解的角色信息，都在这里了。

但有一件事要注意，我们通常有9步。布莱克·斯奈德有15步。悉德·菲尔德、罗伯特·麦基或其他人可能也都有自己的数字。不可能每个人说得都对！关键是要坚持一种基础的、经过验证的叙事结构。不要太迷信某一个专家的方法，不管是真正的专家，还是自封的专家。所有好故事都可以分解成三幕，这是毋庸置疑的。但并非所有能分解成三幕的故事就一定是好故事。一页剧情简介也是同样的情况。你应该把你这个故事的宏观框架，把它的基本结构装进一页纸里。但把所有主要转折装进一页纸里，并不一定意味着你这故事就完美无缺了。想要剧本写得好，依靠的不是任何特殊的"体系"，而是要从整体上尊重影片所属的类型，并与适量的灵感、原创性、创造力，以及巧妙而周密的计划结合在一起。

一页剧情简介提供了一个完美的机会，让你再次回头去找那些你认识并且信赖，之前曾帮你检查过创意的人，跟他们讨论一下你的故事。如果能在一页纸上概括出来，那讲一遍应该也花不了几分钟。他们能跟上你的思路吗？他们听完兴奋吗？如果答案是肯定的，那很棒，说明你已经准备好进入第四章，可以进行更深层的钻研了。如果答案是否定的，那你必须认真对待这个问题，想一想这意味着什么。如果连最热心支持你，最希望你成功的人都无法在最基本、最宏观的层面上搞清楚你的故事，你怎么还能期望从某个匿名的剧本审读人那里，得到更好的结果呢？他可能因为要读一大堆剧本而心情烦闷，而这些剧本的作者他都不认识，也没有什么私交。你必须回到你的创意上，正如我们很多年前写《神童》时那样，有点像寻宝，找到你这个创意最想成为的样子。我们在《神童》这个故事里传达的信息是：生活没有捷径，努力才能成功。要写出一个精巧的剧本，也是同样的道理。不能偷懒耍滑。好好写你的一页剧情简介，给故事打下坚实的基础。做到这一点，你就有可能让好莱坞对你刮目相看。

下面是另一个一页剧情简介的例子，这是我们自己的一份文件。这个项目叫作《回溯时光》（*The Minutemen*）。这份一页剧情简介以及从中发展出的剧本，给我们带来了很大收益，比我们的预期高很多……

回溯时光

1. 理论物理学家维吉尔·圣·克莱尔，以及他的终身好友，同时也是国防部实验室的搭档马蒂、齐克，一起成功地测试了一个装置，可以让他们回到过去，虽然只有几分钟，并且仅限过去六个月之内。他们相信，童年时想改变世界的梦想终于能实现了。

2. 维吉尔贪图名利和美色，于是他们在国防部内部的对手巴里·莱蒙斯就利用这一点陷害维吉尔。他让一名FBI女探员色诱维吉尔，套取机密信息，导致他们被解雇。

3. 马蒂和齐克对维吉尔大发雷霆，因为后者不仅害得他们丢了工作，也毁了他们的名誉。接着，维吉尔灵机一动，提出了一个能解决所有问题的办法——利用他们的科学成果来做生意，当"问题解决员"，回到客户过去的生活中去更正严重的错误，而客户要付给他们不菲的酬劳。

4. 他们的第一位客户是科技界的亿万富翁克里夫·范·伊

坦，他将要因为离婚而损失自己一半的财富，因为他曾在大西洋城的酒店里进行了一次违法的约会。范·伊坦一开始拒绝了维吉尔帮助他的提议。然而当这帮自称"回溯时光者"的人，帮助一名贫穷的抢劫案受害者拿回了5000美元，并因此上了新闻时，范·伊坦的电话打了过来……开出了100万美元的价钱。

5. 回溯时光成功地干预了范·伊坦的风流韵事。现在他们顺风顺水，得到了他们想要的一切名和利。维吉尔甚至跟科学记者苏珊·柯林斯展开了一段前景光明的恋爱，在一次浪漫的约会中，他告诉了对方时间旅行的核心机密。

6. 苏珊接下来的举动震惊了维吉尔，她背叛了他，在《纽约时报》的头版公布了回溯时光者及其时间旅行的秘密。这给维吉尔带来了沉重打击，同时也证实了巴里·莱蒙斯的怀疑——回溯时光在拿国防部的专有科技给自己牟利。

7. 由于再次失业，还惹上了官司，维吉尔、齐克和马蒂之间的友谊似乎已经无法修复。然而，还有一个更大的问题……

8. 自从国防部关停了回溯时光的生意，莱蒙斯就把他们的技术用在了国防部的秘密行动上。在最近的一次任务中，国防部没能成功地关闭一个地陷坑，现在这个坑恐怕要迅速扩大成一个巨型黑洞，威胁整个世界。国防部需要回溯时光者的思维和经验来帮助关闭这个坑。

9. 维吉尔重新集结队伍，一起完成最后一次任务——回到过去，从另一边关闭地陷坑，即使这样做有一个风险，那就是他们可能无法回到现在了。他们再次携手，用奋不顾身的英雄壮举拯救了世界，而他们自己则来到了1977年……他们正好知道这一年的

> 超级碗杯、肯塔基赛马会等各项大赛的冠军是谁。他们在自由自在的20世纪70年代过得风生水起，并重新收获了友情和财富。

我们从这份一页剧情简介里知道了什么？

我们知道或至少能推断出的是，对维吉尔来说，唯一一件比名利更重要的东西，就是与马蒂和齐克之间的友谊。他们从小就是朋友，共同怀抱着改变世界的梦想。这是非常有力量的东西，并且让我们观众坚定地站在了支持他们的阵营。没错，维吉尔是有自私的倾向和色令智昏的弱点，但到头来他还是一个很好的朋友，而且他真的想用自己超高的智力天赋来造福人类。他的两个朋友也是这样，所以我们支持他们。而且我们凭直觉就不喜欢也不信任他们的对手——官僚主义的巴里·莱蒙斯，这名字就够招人烦的。莱蒙斯从一开始就心机很深，自私自利，存心利用维吉尔的致命弱点来坑害这个更聪明、更有才华，也更有学问的科学家。最终，当我们看到莱蒙斯技不如人，而维吉尔一方的才华、智谋和创造精神得到了奖赏时，会觉得非常满足。这是我们想去相信的东西。

我们还知道，回溯时光者与生俱来的才华和能力，以及他们一直想要改变世界的渴望，最终打败了莱蒙斯自私的野心和小气、好胜的本性。我们也知道，或许更重要的是，对他们来说，三人之间的友谊和正直的行为比生活本身更有意义，所以他们愿意冒着一切风险，共同完成最后一次任务，哪怕要为了拯救世界而献出生命。

最后，我们知道我们的三幕要怎样展开，以及每一次升级或转折是什么，要放在什么位置。于是我们有了结构。填充空白地带不是一件轻松的任务，但有了这个模板，有了这张地图来引导我们前进，做起来就轻松多了。

《回溯时光》的主要范例是由伊万·雷特曼执导，丹·艾克罗伊德和哈罗德·雷米斯编剧的《捉鬼敢死队》（*Ghostbusters*），这应该在意料之中吧。在我们的事业早期，《捉鬼敢死队》可能是对我们影响最大的电影。另一部我们最喜欢的电影，是由冈茨和曼德尔编剧，朗·霍华德（Ron Howard）执导的《夜迷情》，它在基调、结构和角色上，也是一个具有启发性的范例，但我们的维吉尔·圣·克莱尔并没有欠比尔（迈克尔·基顿 饰）的钱。我们把《回溯时光》作为提案卖给了《居家男人》的制片人马克·亚伯拉罕（Marc Abraham）。提交剧本的时候，马克觉得这不是他们公司会拍的那种电影。但由于多年来我们之间已经建立起了职业关系和相互尊重，所以他让我们做一个选择。他可以给我们提一些审读意见来碰碰运气，看这个剧本能否变得更符合他们公司的兴趣。或者我们可以收回这个项目，寻找更愿意拍它的买主。我们选了第二个，然后在迪士尼给这个项目找到了新家，迪士尼的高管想以这个剧本的故事、角色和基调为基础，拍一部青少年喜剧。

与此同时，《捉鬼敢死队》的制片人兼导演伊万·雷特曼也读了《回溯时光》，他让我们把他手上的一个科幻动作片剧本改成喜剧片，叫《进化危机》（*Evolution*）。我们给伊万的公司改好这个剧本后，不到一年，这个项目就在梦工厂敲定了卡司和开拍日期，由伊万本人亲自执导。基于这些成绩，以及通过这次合作建立起的家庭般的氛围,伊万又让我们给他修改第二个项目,这次是传奇编剧威廉姆·高德曼写的一个原创剧本,融合了真人、动画和音乐剧。

与此同时,时间流逝,甚至几年过去了,《回溯时光》依然没什么动静,直到……

我们突然接到代理人的电话,说负责《回溯时光》的迪士尼制片人安德鲁·古恩(Andrew Gunn)和安·玛丽·桑德琳(Ann Marie Sanderlin)把剧本转给了迪士尼电视频道,想制作成一部电视电影。当时,我们各自的孩子都喜欢看迪士尼频道,家里恨不得24小时循环播放《歌舞青春》(High School Musical)。经过几年的停滞,终于有机会看到它拍出来了,毕竟,这就是我们当初写它的原因啊。对我们来说,这个决定根本不需要过脑子,立刻就同意了。

现在,《回溯时光》是迪士尼频道的大热门[1],但坦白说,它不是《捉鬼敢死队》,也不是《进化危机》。这就是为什么我们这本书不叫《怎样获得奥斯卡》或《怎样写出卖座大片》的原因之一。因为作为编剧,你根本控制不了你的电影能否得奖或能否大卖。你只能把你的创意尽可能好地呈现出来,脑子里时刻想着各路相关人士,只有他们开了绿灯,你的剧本才能拍出来。

最终,我们的原创提案《回溯时光》带来了三份工作,给我们的履历上增加了两部投拍电影:2001年的《进化危机》和2007年的《回溯时光》。对我们来说,《回溯时光》的一页剧情简介被证明是百分之百脱颖而出的。它的确花费了一些时间和很多思考,但坚实

---

[1] "迪士尼的《回溯时光》是收视冠军。"——约翰·邓普西,《每日综艺》2008年2月28日。

的一页剧情简介能带来巨大的助益和价值。而且它只有一页。如果你正在寻找可能会意外带来显著收获的作业或练习，那就再去研究你的范例。看看它们的故事是怎样在一张纸上展开的。现在，带着全新的眼光和清晰的目标，回到你自己的创意上，写下能让你脱颖而出的一页剧情简介吧！

塑造能立得住的角色

史上最伟大的故事兼最畅销的一本书，是以创造世界为开头的。没错，我们说的就是《圣经》。看看，上帝创造了天堂和地球，日月和星辰，大海与陆地，结满果子的树，万物生灵——飞禽、鱼类、牲畜，以及令人生厌的动物与爬虫。他创造了昼夜之分，以及从创世伊始直到今天都在支配物质世界运行的规则。接下来，他安息之前的最后一个动作，是给他创造的这个世界造人。上帝真的给这个世界里安置了很多角色——首先是亚当和夏娃，接着是该隐与亚伯，然后是诺亚和他的孩子们。到了《创世记》的第十一章，也就是那个著名的故事《巴别塔》，这时的世界已经到处都是人了，分布在地球的各个地方，说着多种多样的语言。这些《圣经》人物已经成为全世界人类集体意识的一部分，他们的故事从一代人流传到下一代人，所以他们不太可能是创作过程中的意外产物，而应该是创作的关键所在。毕竟，如果没有人物来替它传达信息的话，《圣经》故事还有什么作用呢？作为编剧，你要创造的世界比《圣经》小多了，但尽管如此，它也必须是一个完整的世界，里面必须有能为故事服务和帮你传达信息的角色。

到了现在，你可能已经想好了谁是你这个故事的核心人物。你有一个主角，可能还有一个反派，以及一些宏观叙事和剧情简介所必需的配角。问题是，他们能立得住的吗？因为你希望你的角色在为故事服务时，能采用一种尽可能好，尽可能在创意上富有趣味、令人满意的方式。而且你还要接受读者的评估，他可能会是一个专业的剧本审读人、制片人、代理人或一位高管。这个读者会针对你的角色，以及你怎样渲染角色，认真地写审读意见。在考虑你的剧本时，这位读者会问自己两个关键的问题："我关心这些角色和他们的遭遇吗？"以及："这部电影可以找到能扛票房的演员吗？"如果两个问题的答案都是肯定的，那你就能通过他这一关了。也就是说，你的主角和配角都必须立得住。

这就是你的目标，从主要角色到次要角色，再到小配角，让他们全都立得住。在创造立得住的角色时，我们用这三重考虑作为判断标准：对于我想出来的这个概念，谁是主角的最佳人选？读者和观众会不会在整整三幕戏的过程中，以及在电影院的105分钟里，都站在我的角色这边呢？最后，这些角色能不能找到具有票房号召力的演员来饰演？我们一个一个地来说。

历经考验的主角

正如我们在第一章里提出的，主角应该是在你的概念之中，收获最多或失去最多的人。我们在《神童》（讲的是一个12岁的孩子一夜之间神奇地变成了天才）里的主角是一个懒小鬼，喜欢走捷径，怎么轻松怎么来。《关岛登月》的主角是一个失败的NASA宇航员，他的鲁莽和不羁，导致他丢掉了最后一次随航天飞机登上太空的机会。《居家男人》的主角是杰克·坎贝尔，他对事业的野心侵蚀了他对大学女友凯特的爱。影片让他"体验"了一把当年如果选了另一条路，他会过着怎样的生活，以至于他拥有了重新评估这些东西在心里的优先顺序的机会。在《老家伙》里，约翰·特拉沃尔塔和罗宾·威廉姆斯分别饰演查理和丹，他们是最好的朋友兼生意伙伴，相信自己已经"冲破了婚姻的牢笼"，在50多岁时不用作任何妥协，也不用背负作为人父的重担。接着丹突然得知，几年前，他离婚后跟查理一起去墨西哥[1]短途旅行时，在那里留下了一对双胞胎儿女。现在，孩子们要来跟他一起住……无限期。不管你写的是一部动作大片、概念主导的喜剧片，还是小成本独立剧情片，都会希望自己的主角经历重重考验，迎接各种挑战，并且有可能获得潜在的奖赏。在低成本、安安静静，但却极具力量的剧情片《海边的曼彻斯特》中，一个少年因父亲突然离世，只能由叔叔来照料，叔叔就是卡西·阿弗莱克[2]饰演的主角……他的孩子们在几年前的一次火灾中丧生，他一直在为自己当时的行为而自责。小成本，大冲突。不管你的主角是《飓风营救》（*Taken*）里的连姆·尼森，还是《伯德小姐》里的西尔莎·罗南，都应该是要为你的概念量身定制的。

---

[1] 在影片中为迈阿密，疑为作者笔误。
[2] 卡西·阿弗莱克（Casey Affleck），凭借《海边的曼彻斯特》获得了第89届奥斯卡最佳男主角奖。

讨人喜欢的主角

你要考虑的第二个问题同样很重要。人们愿意在这些角色身上花时间吗？如果在好莱坞卖剧本是一个扩展版的赚钱游戏，那么创造出立得住的角色，就是对"我为什么关心他"这个问题的扩展版回答。如果我们对事件的主角漠不关心，又怎么会在意电影里到底发生了什么事呢？你应该小心提防这类问题，而且有充分的理由这么做。"讨喜"常常被编剧和业内人误认为是"完美"。然而完美的角色不仅无趣，也无法从我们要讲的故事里学到任何东西。没有证据表明有瑕疵的，甚至是有严重瑕疵的角色会劝退观众。实际上，相反的情况倒是更常见。看看那些片名里带"坏"字的电影就知道了。《坏妈妈》（*Bad Moms*）、《坏老师》（*Bad Teacher*）、《圣诞坏公公》（*Bad Santa*）。热门，热门，热门。看看杰克·尼科尔森或莱昂纳多·迪卡普里奥演的几乎任何一个角色，都不是什么乖乖仔。再看看让弗兰西斯·麦克多蒙德获得奥斯卡影后的角色——《三块广告牌》（*Three Billboards Outside Ebbing, Missouri*）里的米尔德雷德，也不好惹。

所以讨喜的主角并不等于完美的主角，但讨喜很重要。看一部电影，要在电影院里坐两小时。你愿意在电影院里或其他地方，跟一个你不喜欢，或至少觉得不有趣、没意思的人，一起度过两小时吗？如果读者觉得一个剧本的主角没什么意思或令人讨厌，就不会把这个剧本读完。观众也不太可能会为了这样的主角去电影院。

便于选角的主角

要塑造讨喜但有瑕疵的角色,关键之处往往在于他们的核心价值观和表达自我的方式。在《洛奇》(*Rocky*)里,洛奇·巴尔博亚是当地黑帮的一个底层收账人,这时他得到了一个机会,与阿波罗·克里德对决擂台。一个名不见经传,靠给黑帮收账勉强维生的拳击手,听起来完全不像"英雄"。但看看西尔维斯特·史泰龙塑造的这个角色是怎样对待身边那些弱者的——阿德里安和年少的玛丽。洛奇是一个守护者,他内心善良、行事正派,甚至还很有街头智慧。他也是一个有信仰的人。尽管他的境遇,以及作为拳击手的地位和成绩都不怎么样,但他相信只要有机会,他就能打完与重量级世界拳王的比赛。他有一个梦想,我们希望他赢。

你的主角,他的价值观和形象应该在第一幕里就足够清晰,这样我们才能明白,你通过概念和第一个转幕节点给他安排的这种境遇上的改变,对他来说意味着什么。但角色的塑造并未到此结束。他要去向何处?在一个剧本里,角色可以有很多种不同的旅程。但如果到了结尾,他跟开头时相比并没有产生某种形式的变化,就会让人怀疑你这整个故事的价值在哪里。角色的性格是通过动作,通过他们对于挑战和诱惑的反应来得到揭示的。他们会成长。他们有人物弧光。利用人物弧光给故事导航的方法,就是分清你的角色想要什么和需要什么。你应该在第一幕的结尾说明他想要什么,而他需要什么则要等到故事后面再揭晓。

在《黑豹》(*Black Panther*)里,查德维克·博斯曼饰演的特查拉想要的是夺回属于他的瓦坎达王位。然而他需要的是成为人民真正的领袖，他不仅要打败对手，还要利用他们这个隐秘小国的资源和能力，去帮助外面更大的世界和所有被压迫的人。在《佐州自救兄弟》（*Ride Along*）里，凯文·哈特饰演的本是一个保安，他想要未来的大舅子祝福自己与未婚妻安吉拉。但他需要的是向安吉拉那位当警察的哥哥（艾斯·库珀 饰）证明自己足够坚强，足够勇敢，能在婚姻生活的一切考验和磨难中保护和照顾她。卢克·天行者想要离开叔叔婶婶在塔图因的农场，开始一种更刺激的生活。而他需要的是克服自己的急躁，在善与恶之战的这项伟业中，肩负起自己关键而独特的作用。电影明星和演员所寻找的，是力量与弱点并存，有感染力，同时还具有学习和成长空间的角色。

所以你的主角应该是这样的——一个有缺点但讨喜的角色，他受到了来自故事前提的施压与挑战，迫使他的自我不断地发展，并与观众分享这一过程。现在，演员表里其他的角色怎么办呢？其他角色起到两个关键作用。第一个，正如我们之前所说的，是填充你创造的这个世界，并在其中扮演具体而必要的角色。想出创意的几分钟之内，我们就能凭直觉知道这些角色是谁。举个例子，如果你写的是一部劫盗电影（heist movie），就要有一个犯罪团伙，还要有他们准备抢劫的对象——某个人或某个机构的代表，可能还会有一个警察或FBI探员，这些角色天然地分为两个阵营——准备实施犯罪行为的和试图阻止或解决犯罪行为的。记住，你的电影是一场辩论，是互相冲突的利益和信仰体系之间的交锋。在劫盗电影中，罪犯可能是被纯粹的贪欲驱使，比如《虎胆龙威》（*Die Hard*）。也可能是被复仇的渴望驱使，比如《高楼大劫案》（*Tower Heist*）。或者被一种正义感驱使，比如罗宾汉故事的各种电影版本。不管是哪一种情况，你的角色都分布在敌对的阵营中。次要角色和小配角需要各司其职，在辩论中支持某一方的观点。在《居家男人》里，杰克·坎贝尔在平安夜收到了大学女友凯特发来的电话留言。他的助理阿黛尔知道他是个工作狂，只能一个人过圣诞节，所以劝他给凯特回电话。杰克问他的老板兼导师彼得·拉斯特有什么看法，拉斯特回答："旧的恋情就像旧的税单……放三年就可以扔了。"

爱情应该在一个人的生活中占据多少分量，应该在杰克的生活中占据多少分量，关于这个问题，阿黛尔和拉斯特分别代表一种论点。但拉斯特是杰克的导师，他肯定了杰克当年出国追求事业，放弃与凯特过日子的选择。所以杰克把凯特的留言揉成一团，扔进了垃圾桶。结果呢？第二天杰克一醒来，他身处于另一种截然不同的生活情境中——在新泽西的房子里，躺在凯特身边，还有两个孩子和一条狗。杰克踏上了一段自我发现之旅，重新检视自己应该怎样给事业上的野心与凯特的爱情进行排序。不管是纽约的人生，还是"体验"中的新泽西的另一种人生，他身边的每个角色对于这个问题都有自己的观点。他最终必须找到自己的答案。

当然，要想塑造亮眼的角色，这些还远远不够。难道我不需要对角色生活中的一切私密细节都了如指掌吗？从他们早饭吃了什么，到用什么牌子的牙膏刷牙。为了捕捉角色的本质，为了在剧本里鲜活地塑造他们，难道我不应该给每个角色写上10页纸的人物小传吗？别。求你了，别！

关于你的角色，重要的是你必须知道他们是谁，他们跟你的创意和你的主角是什么关系。我们很快就会讲到，在适当的时刻，其中一些角色会发展出他们自己的故事，也就是副线或支线剧情，跟主角的故事同步展开,两相呼应。你会发现,所有角色都具有一些附加的重要细节,有助于对他们进行鲜活的塑造。这些细节能展现他们的性格特征,以及他们在你所创造的这个世界中所扮演的角色。他们开的是什么车,在酒吧里喝的是什么酒……这些是揭示性的细节。揭示性细节很重要,有助于塑造出有记忆点、有感染力的多维角色。一个喝康胜啤酒的角色,和一个喝麦卡伦威士忌,或大都会鸡尾酒[1]……或秀兰·邓波儿鸡尾酒[2]的角色肯定不一样。一个开法拉利的角色,和一个开福特嘉年华的角色肯定不一样。一个穿定制西服、意大利皮鞋的角色,和一个穿休闲裤、运动鞋的角色肯定不一样。但宝洁公司和高露洁公司,对不起了,用佳洁士刷牙的角色和用高露洁刷牙的角色没什么太大不同。有些细节是有用的,另一些则没用。能否明白二者之间的区别,将决定你的努力能换来一个构思精巧、角色能引起共鸣的剧本,还是因为盲目自信而把时间浪费在徒劳的练习上。

　　你要了解你的角色。如果你在写一个酒吧里的场景,就应该清楚他们喝的是什么酒。如果他们在回家或上班的路上,你应该清楚他们开的是什么车。你不需要知道他们上高中时是不是喜欢过物理老师,除非那个老师真的要在你的故事里出现。不要把时间浪费在他们无意义的生活细节上。要专注在有用的东西上——他们在故事中扮演的角色定位,以及他们的视角。对于大部分角色,你真正需要知道的信息应该用一段话就能交代完。如果你想多写一点,当然可

---

[1] 大都会(Cosmopolitan)鸡尾酒口感酸甜,适合女士饮用,因在美剧《欲望都市》中频繁出现而走红。
[2] 一款以美国著名童星秀兰·邓波儿命名的鸡尾酒,色泽粉嫩梦幻。

以。但如果你一直写一直写，只是为了增加字数，为了向你自己，向你的团队或老板证明你懂得多，证明你完全"掌握"了你的角色，那么你就是在用一种虚假的安全感欺骗自己。但你骗不了别人。你写的东西里，有90%都是对剧本没用的内容。角色的精华其实就是能让剧本读者产生共鸣的东西。要锦上添花，不要把时间浪费在无意义的细节上，除了你自己，没人能感觉到，也没有人在乎。

如果你已经有了一个足以诠释你的概念的主角，而且也为故事设置了各种角色来推动叙事，准备好对剧本的中心论点进行戏剧化呈现。这时，你就可以开始想象由谁来饰演这些角色了。除非你要自掏腰包投资，或者用手机在你家附近拍摄，否则全靠朋友来帮你演是行不通的。为了卖掉剧本并且让它投拍，你需要愿意来演这部戏的演员。虽然设想是件好事，但你设想中适合这些角色的演员，人家为什么要考虑你的剧本呢？更别提还要从所有收到的剧本里把你的挑出来。演员在读你的剧本时，脑子里会带着一些非常明确的问题。自己的角色要做什么？这个角色对于整个故事或世界有什么贡献或揭示作用？他的独特之处在哪里？记住，演员是好莱坞产业链里的关键一环，你卖剧本和拍电影都要依靠这段产业链。你的剧本能给他们提供什么呢？

我们有一种工具可以回答这个关键的问题，是专门为了"放大"剧本里的每一个角色，以及剧情的每一次转折和升级而设计的。现在我们已经知道，角色的作用和视角都应该清晰而明确，做到这两项能给你的剧本提供一个坚实的基础。但你想要的不仅仅是坚实。坚实等于"好的，我明白了"。坚实只能当写作样本。也许吧。但你想要的是精巧。在演员看来，一个立得住的角色应该积极主动，做的事足够有趣，能承受挑战并且做出反应，反应的方式既要出乎意料，又要真实、有揭示性、有意义。这些是构成一个丰满角色的部分元素。你怎样确保你的剧本能为主演和其他演员提供这样的机会呢？为了让角色立得住，我们的方法就是角色动作表。

角色动作表

当我们有了结构和角色后，会觉得对于这个剧本已经胸有成竹了。但我们不想在大纲里写场景，甚至是规划场景，因为大纲只负责完成叙事上要完成的任务。我们希望这些场景生动而鲜活。所以在动笔写剧本之前，甚至是写大纲或详情之前，我们要先做一个表格[1]。在这个表格里，我们列出了电影里的所有主要角色和次要角色。然后我们按照这个列表，逐一通过每个角色的眼睛来审视这个故事。从电影中每个角色的视角，看待三幕里的每一次故事转折或升级，并把他们对故事的体验如实地写下来。这样当我们写大纲或剧本的时候，就可以把每个场景看作不同视角，有时候甚至是敌对视角之间的交锋，还有栩栩如生的角色和出人意料的动作。这就是你在这个写作阶段必须通过的考验，而这个表格能助你成功。你能不能从每个角色的视角把你的故事讲一遍？如果能，那你就有希望写出一个精彩的剧本和让演员趋之若鹜的角色。

让我们回到《星球大战》的一页剧情简介，以这部标志性影片里的标志性角色为例，做出的表格会是什么样的。让我们看一看，

---

[1] 参见图表4.1。

从汉·索洛的视角来审视《星球大战》的故事时，我们的方法是否成立。

我们首先注意到的是，汉·索洛并未在《星球大战》的第一幕里出现。第一幕属于主角卢克，随后还出现了欧比旺、R2-D2和C-3PO这三个关键角色。所以直到第四步，汉·索洛才出现在我们的表格里。我们这个表格的第四步，通常就是指所谓的"第45页转折"。而且你猜怎么着，如果看一下电影，你会发现这时剧情推进到了莫斯艾斯利市的小酒馆，也就是卢克和欧比旺见到汉·索洛的地方，这一段正好就在影片的第45分钟。45分30秒，楚巴卡先出场，跟欧比旺交谈。接着没几分钟，哈里森·福特就登场了，他饰演的汉·索洛后来促成了整个系列，然后我们听到了那句著名的台词："我是汉·索洛，千年隼号的船长……楚伊说你们要搭船去奥德朗星球。"

汉·索洛在小酒馆的场景里说得非常清楚，他接下这个任务纯粹是为了钱。等卢克和欧比旺离开后，我们才发现原来他是欠了赫特人贾巴的钱，后者正在悬赏他的脑袋。他需要这份工作的收入。这些都可以记录在我们的表格里，汉·索洛的角色排在第四步。

在第五步里，他们的目的地奥德朗星球被摧毁了。他们以为眼前的庞然大物是一颗卫星，实际上却是一个致命的空间站，是摧毁奥德朗的武器——死星。当他们发现莱娅公主被俘，而且马上要被处决时，心里一惊。但这对于汉·索洛和卢克的意义是不同的。

对于卢克，现在他的任务从递送包裹变成了一次营救，包裹就是两个机器人及其内部信息。对卢克这个角色和整个故事来说，这都是一次显著的升级。但汉·索洛并不在乎救不救公主，因为这不是交易的一部分。与此同时，他们的行为吸引了冲锋队的更多注意。关于现在该做什么，怎么去做，卢克和汉·索洛之间不断发生争吵，争吵的原因在于双方性格层面的分歧。最后，卢克是怎么说服汉·索洛按照他的计划，冒着生命危险去解救公主的呢？他承诺给汉·索洛钱。"她很有钱。"卢克说。"多有钱？"汉·索洛问。他再一次为了钱而加入团队，但其中的风险在不断提高，既有经济的风险，也有生命的风险。这就是第五步中的汉·索洛，这是非常出色的叙事。

第六步：千年隼号一行人逃离死星，但不包括欧比旺，他为了其他人牺牲了自己的生命。这一步让卢克和汉·索洛呈现出了最鲜明的差异。对于卢克，这是最低潮——他刚刚失去了老师。而且如果莱娅没说错的话，他们的飞船正在受到追踪，帝国将很快知晓反抗军基地的方位。但对于汉·索洛，事情的发展比他想象中更好——现在他不仅能拿到给反抗军送货的赏金，还能拿到解救公主的钱，因为公主是反抗军的领袖之一。他不相信莱娅的话。实际上，他还在为自己突破了冲锋队的追击，成功地逃离了死星而扬扬得意。他处在高潮，而卢克处在低潮。与此同时，莱娅发现了他作为驾驶员和战士的能力与魅力，但他的玩世不恭和自私自利又让她很反感。这些都在表格里。

就在我们以为，汉·索洛和其他人在动机上的分歧已经不可调和的时候，我们来到了第七步。反抗军领袖们分析了死星的设计图，找到了一个弱点。战斗机飞行员们要和R2-D2机器人一起驾驶飞机。汉·索洛有机会加入反抗军，我们知道他有这个能力和天赋。但他已经拿到了钱，也就是他来这一趟的目的。他连自己的善念都能无视,更不用说卢克和莱娅,甚至是楚巴卡的希望了。他在大战即将开始的时候离开了。这完全说得通。从我们第一次见到他的时候起,他的性格一直都是这样。但尽管如此,还是很令人失望。我们希望他加入战斗,在这个过程中完成自我救赎。

最后,在第八步,也就是故事的高潮,卢克距离摧毁死星,可能同时也是摧毁帝国这一目标,比电影中任何时候的任何角色都更接近。但达斯·维德在他身后穷追不舍,就在他要被击毁的时候……汉·索洛上演了一出被某些业内人称为"汉·索洛式出手"的好戏。他仿佛是凭空出现,突然冲进来,观众和达斯·维德都大吃一惊。他击落了达斯·维德的僚机,为卢克的制胜一击扫平了障碍。死星被摧毁了。在我们的最后一步,也就是第九步里,汉·索洛和楚伊作为反抗军的英雄,也跟卢克一起收获了他们应得的荣誉。

乔治·卢卡斯在这里创造了一个伙伴型的配角,这个人的视角跟主角的视角有着非常明显的区别,所以汉·索洛其实在很多方面都比主角卢克更丰满,更有起伏。卢克一开始是天真单纯的,而汉·索洛是愤世嫉俗的。作为角色,汉·索洛要走的旅途更远,他的人物弧光更广。影片的选角也体现出了这一点。乔治·卢卡斯在1977年拍《星球大战》的时候,马克·哈米尔已经演过很多电视剧了,但在电影圈里还是籍籍无名。另一方面,哈里森·福特当时已经是大银幕上的熟脸了,他在乔治·卢卡斯的标志性影片《美国风情画》(*American Graffiti*)和弗朗西斯·福特·科波拉[1]自编自导的

---

1 弗朗西斯·福特·科波拉(Francis Ford Coppola),好莱坞著名导演,代表作是《教父》三部曲和《现代启示录》。

《对话》（*The Conversation*）中，都饰演了令人印象深刻的角色。而最后的结果也不言自明，现在汉·索洛在星战宇宙里有了自己的个人电影，讲述他的起源故事。而这一切都源于一个原创剧本和一个故事，它能从每个角色的视角进行讲述，随着戏剧悬念和张力不断升级，角色们逐渐呈现出立体、清晰而又迷人的面貌。

现在，还有更多关于角色的信息需要了解和揭示。你跟他们之间的事还没完。你要找到他们的声音，在剧本里提供给他们每个人发光的机会，帮助他们吸引读者、演员，以及最终的观众。在后面的章节里，我们还会回到角色身上，不断完善对他们的塑造。不过现阶段，你应该对他们有足够的了解和判断，这样才能进入故事构建的下一步。所以，动手做你自己的表格吧。一个角色一个角色地梳理，在一张表格里构建起你的电影，等到完成后，它将向你展示，一个构思精巧的剧本看起来是什么样的……

表4.1 《星球大战》角色动作表

	卢克	汉·索洛	莱娅	欧比旺	达斯·维德
1	卢克想离开塔图因，去当反抗军的战斗机飞行员，但他的叔叔需要他留在农场	汉·索洛是一个愤世嫉俗的走私犯。赫特人贾巴正在悬赏他的脑袋，所以他急于赚钱还债	共和国和反抗军被帝国压制，莱娅公主录了一段信息，绝望地向绝地大师欧比旺·克诺比寻求帮助	这位年迈的绝地大师在塔图因过着隐居生活，这时正义与邪恶的战争开始在银河系爆发	为了找到失窃的死星设计图和消灭反抗军，达斯·维德俘虏了莱娅公主的飞船并将她囚禁
2	卢克从R2-D2机器人那里发现了莱娅发给欧比旺的求助信息		达斯·维德试图逼迫莱娅说出反抗军基地的方位，但没有成功	欧比旺从沙民手中救出卢克，又从R2-D2机器人那里恢复了莱娅的信息。他希望卢克跟他一起走，但卢克必须留在家里	达斯·维德派冲锋队去塔图因寻找设计图
3	叔叔婶婶被冲锋队杀害后，卢克决定跟欧比旺一起把死星设计图送到反抗军基地		即使被注射了"坦白血清"，莱娅也没有透露基地的位置	卢克仅存的亲人被杀害之后，欧比旺成了他的老师	冲锋队在搜寻设计图时，达斯·维德本人在想方设法从莱娅口中问出反抗军基地的位置

（续表）

	卢克	汉·索洛	莱娅	欧比旺	达斯·维德
4	卢克和欧比旺雇用了走私犯汉·索洛，让后者把他们连同R2-D2机器人那里的设计图一起送到奥德朗	卢克和欧比旺付给汉·索洛一笔他急需的钱，换取安全抵达奥德朗的旅行	虽然帝国毁灭了她的母星奥德朗星球，但坚强的莱娅仍然没有说出反抗军基地的位置	欧比旺在路上训练卢克掌握原力和使用光剑	达斯·维德的冲锋队无法抵挡欧比旺和原力。帝国摧毁了奥德朗星球，以此展示死星的威力
5	奥德朗星球被摧毁，他们的飞船被死星捕获，卢克发现莱娅也被关在这里，即将被处决。现在的任务变成了营救	汉·索洛对反抗军和营救公主都没兴趣，但卢克用钱当诱饵，说服了他	虽然被卢克和汉·索洛从死星"救"了出来，但莱娅并不觉得他们有多厉害，直到他们真正地完成了任务——把设计图送到了反抗军基地	欧比旺关闭了死星的牵引波束，并意识到他即将面对自己当年的学生，达斯·维德	达斯·维德依然想摧毁反抗军基地，这时他突然感觉到了他过去的老师，欧比旺的存在
6	卢克和同伴救出了莱娅，但也在逃跑时目睹了老师欧比旺死于达斯·维德剑下	带着设计图和公主逃出死星后，汉·索洛觉得很得意，甚至有点沉迷于这种成就感	莱娅能体会卢克失去欧比旺的感受，而且她担心他们的逃脱过于顺利，帝国一定是在追踪他们	为了给朋友们创造逃跑的机会，以及增强自己在宇宙中的力量，欧比旺让达斯·维德杀了自己	达斯·维德杀了欧比旺，并且在汉·索洛的飞船上装了追踪器

（续表）

	卢克	汉·索洛	莱娅	欧比旺	达斯·维德
7	卢克把设计图送到了反抗军手上，但欧比旺死了，而且汉·索洛拿到钱后就抛弃了反抗军，只顾自己	汉·索洛拒绝了加入反抗军和攻打死星的机会，拿着赏金，带着楚伊，在大战开始之前离开了反抗军基地	莱娅猜得没错，帝国已经找到了反抗军基地的位置，但通过分析设计图，他们也找到了死星的一个弱点		反抗军忙于准备看似不可能的攻击时，达斯·维德和帝国已经锁定了反抗军基地，几分钟后就要将其摧毁
8	汉·索洛去而复返，为卢克攻击死星扫清了障碍。卢克关掉了显示屏，选择相信原力的指引来发动这次攻击	一个出人意料的转折，汉·索洛回来了，救了卢克，还帮他扫清了攻击死星的障碍	莱娅监控着反抗军的攻击，战斗十分残酷，令人担忧……直到汉·索洛的现身	欧比旺的声音和影响仍然留在卢克身边，他敦促卢克在攻击死星时相信原力	反抗军飞行员带来的威胁不可小觑。达斯·维德亲自上阵去消灭他们
9	死星被摧毁，卢克成了反抗军的英雄	汉·索洛也跟卢克一样，成了反抗军的英雄	莱娅骄傲地把勋章挂在了反抗军英雄——卢克和汉·索洛（还有楚伊）的胸口，他们是为银河系和平与正义而战的新盟友		达斯·维德差一点就消灭了反抗军的最后一个飞行员卢克，结果汉·索洛突然杀了回来，达斯·维德受到攻击后遁入太空

构建稳扎稳打的大纲

记得吗，在第二章里，我们说过让你享受寻找范例的过程，多花点时间看电影，因为用不了多久，你的工作就要变得更难了。如果你在想，到底什么时候会变难，答案就是现在。之所以会变得更难，是因为你即将从脑子里的想象和纸上的蓝图，也就是一页剧情简介和角色动作表，转向对创意进行全面、综合而实际的渲染，这种形式就是大纲，也是写剧本时真正的依据。现在你可能会说，为什么？！为什么必须写大纲？我不是已经搞清楚了我这部电影的结构，还从各个角色的视角梳理了故事的主要节拍吗？！这还不够吗？难道还不够吗？！让我们实话实说吧。我们在这行混了20多年，的确见过一些不用大纲的人。所以这种方法是可行的。这些人喜欢直接写一稿完整的剧本，然后扔掉，接着再从头写，或者干脆忘了之前写了什么。如果你不用大纲，就得准备好这么做。哪怕是本身就这样工作的编剧，很可能也不会把这种方法推荐给别人。如果你真的对自己的创意充满热情，真的在乎它，那就应该为它做最好、最全的准备，这样才会有最好的效果。如果一座房子在建造时没有完善的图纸，那你肯定不想住进去，同理，写剧本的时候，没有一个稳扎稳打的大纲也不行。所以，让我们卷起袖子，开始工作吧……

  关于你的电影，你现在已经掌握的信息，和你写完大纲后才能掌握的信息之间，有两个关键而基本的区别。一页剧情简介和角色动作表能告诉你电影里发生了什么，大纲则会告诉你这一切是如何发生的。而且，一页剧情简介和角色动作表仅限于主要的剧情升级、转折和转幕节点，而大纲还包括过场戏[1]，也就是如何从A点到达B点。当你完成这一章的任务后，会获得更多信息，你一定不想在写剧本时缺少这些信息吧。回到那个盖房子的比喻上，请相信还有很多很多的空间，可以供你在写剧本时发挥创意、天分和即兴表达，尤其是在根据一个全面的大纲或详情来写的时候。如果这时你觉得你已经掌握了足够的信息，可以动笔写剧本了，那么就会发生以下两种情况中的一种，甚至两种同时发生：要么你会撞南墙，然后垂头丧气，发现你根本不知道怎么才能到达目的地；要么你会一边为了追逐灵感而严重偏离轨道，一边挣扎着继续坚持已有的故事方向。你会卡在岔路口，不知道该往哪边走。我们不会让这种情况发生在你身上。我们将带着你写完大纲，它不仅能体现你迄今所做的全部准备工作，还能让你在写剧本时充满自信和激情。

---

[1] 过场戏是为了交代剧情和理顺情节而安排在重场戏之间的场景，用来给重场戏做合理铺垫。更多解释详见本书术语表。

剧情整合

不管你做出来的角色动作表是什么样的，我们先从它开始，把表格里的故事和角色信息整合起来，按时间顺序进行叙述。它可能会像一页剧情简介那样，以主角（lead character）为开头。但是，如果这里有一个关键的节拍（beat）[1]，或者包含的信息涉及其他关键角色，其重要性超过了对主角作介绍，那么一定要先把主角的出场往后放一放。比如，《星球大战》就没有以卢克在叔叔婶婶的农场里干活为开场，虽然他是主角，虽然这是他的第一个节拍，第一次亮相。作为开场的是帝国冲锋队和达斯·维德为了抓莱娅公主和找到死星的设计图，登上了反抗军的飞船。因为莱娅和达斯·维德，还有R2-D2和C-3PO，他们都是影片的重要角色（major character），而且莱娅把死星设计图藏进R2-D2并向欧比旺求助，这是一个关键节拍，为整个故事提供了背景，所以应该在卢克登场之前出现。看一看你的角色和他们出场的位置在哪里，然后把这些节拍依次列出来。

你很快就会注意到，甚至可能在第一个节拍处就会发现，有些节拍涉及多个角色，他们的视角是差别很大的，甚至是相互冲突的，比如达斯·维德和莱娅公主。上面提到的那个段落就是例子。祝贺你！你正顺利地走向一个丰满而精彩的剧本。对于场景和段落中所涉及的角色，你希望事件的结果能对他们的个人利益产生影响，还希望他们各自承担的风险是不同的，甚至是互相冲突的。如果你

---

[1] 布莱克·斯奈德在《救猫咪》一书中，对电影剧本的节奏进行量化，提出把剧本结构划分为15个节拍，即"布莱克·斯奈德节拍表"。

的一页剧情简介和角色动作表能帮助你达成到这一点，就说明它们是有用的。

　　这一步的结果是，你写出的一些段落会很长，揭示出故事的某一次发展如何对多个角色产生影响。其他的段落则比较简短，可能只涉及一个角色。这些都很好，都是故事的组成部分，都是从各个角度来审视这个故事，并且帮助你为剧本的写作做好准备。

　　2005年，我们把一个提案卖给了ABC电视台，是一部单集时长一小时的剧情电视剧，叫《9》。不要跟《劫后新生》（*The Nine*）搞混，这一部也是2005年ABC电视台的项目，最后拍成了一部12集的电视剧在次年播出。我们的《9》讲的是一群洛杉矶人，他们都通过各种神秘的个人经历，得知了自己的死期。在那个死期到来之前，他们是死不了的。所以他们实际上是超级英雄。这个概念是想创造机会，去拍各种高难度的动作戏，同时也通过9个普通人的日常生活来揭示生命中的一些宏大问题。只不过这9个人具有超能力——在"死期"到来之前，他们是死不了的。这个创意在实施上也有一个真正的挑战：如何向制作公司和电视台的工作伙伴，以及最终的观众，介绍这9个迥异的角色，而且他们每个人的生活环境都不一样，每个人都有自己特殊的秘密，只跟另外那8个人分享。我们为了把这部剧卖给电视台，设计了4条故事线，一共只有42页剧本。怎样才能在这4条线里，对每个角色的戏份进行合理分配？

　　《9》的制片人是伯特·索尔克（Bert Salke）和克里斯·布兰肯托（Chris Brancato），他们是影视行业的老手，在多主角和多线叙事的处理上很有经验。有一种办法得到了我们的一致认可，并且帮助我们在写导航集（pilot episode）[1]时省去了大量的时间和痛苦，那就是角色动作表和剧情整合——按照电视剧的标准形式，把正片的五幕和结尾的下集预告分配给9个角色。如果没有这套组合拳，我们可能根本不知道怎么才能把这个提案卖给电视台，揪着9个角色身上所有可以发掘的潜在故事不撒手，全都想塞进导航集里去。

电影比电视剧更宽容一些，写的时候不需要预留插广告的契机，而且至少有42分钟可以用来讲故事。长片（feature film）里有更多喘息的时间，也就是某些升级和转折之间的空间。你如何利用这些空间，将会在很大程度上决定你这个剧本的实力。银幕上的每个瞬间都是珍贵且昂贵的，哪怕是那些安安静静的戏份。每个瞬间在某种意义上都应该是重要的。我们还没讲过这些场景以及更小的瞬间，它们填充在重要的反转和转折之间，对构建一个精巧的剧本来说是非常关键的。等你搞定了剧情整合之后，就能合理地对整个故事做全面考虑，从每个对故事产生影响和受到故事影响的角色的视角出发，逐一讲述。现在，让我们在骨架之上增加一些肌肉吧！

过场戏

角色动作表，以及在其基础上形成的剧情整合，虽然包括了三幕里出现的所有主要角色，但他们不能神奇地凭空出现在最关键的场景里，而不提前告诉我们他们是谁，以及为什么会出现在那里，或

---

[1] 导航集，又称试播集，可以视为一部电视剧的样品，电视台会根据导航集的品质来判断是否投资拍摄这部剧。

者他们要完成的任务对他们产生了什么影响。这时剧本的过场戏就要闪亮登场了。这也是蕴含着最佳机遇，同时也暗藏着最大陷阱的地方。让我们再一次用《星球大战》的例子来进行说明。

卢克和欧比旺离开塔图因，跟汉·索洛、楚巴卡、R2-D2和C-3PO一起登上了千年隼号。他们所有人的下一个重大节拍是他们发现目的地奥德朗星球已经被摧毁了。我们凭直觉就知道，不能在离开塔图因之后，立刻就在下一个场景里切到抵达奥德朗，或者说曾经的奥德朗。我们需要在飞船上花一段时间。但我们也不想看着角色光坐在那里吃吃花生，喝喝小酒。船上一定得发生点事情，但是该发生什么呢？乔治·卢卡斯是怎么让我们从A点到达B点的？答案就在角色动作表中，在于一群迥然不同的人，突然之间不得不待在一起——欧比旺，老师；卢克，渴望学习的学生；汉·索洛，财迷。所以这段时间里发生了什么？欧比旺教卢克使用光剑和原力。汉·索洛用冷嘲热讽的态度讨论绝地武士，这就说明和解释了他之后面对每一次挑战和机会时，为什么会做出那样的反应。千年隼号上这段出色的过场戏，帮助我们更深入地了解了卢卡斯创造的这个世界。到了他们发现奥德朗星球已经被摧毁，拼命想逃离死星的时候，我们对他们每个人的了解都更多了一些，而且每个人我们都喜欢，包括汉·索洛，对他的喜欢也更多了一些。我们对这些角色，以及他们的困境和任务所产生的认同感，随着每一场戏而逐渐加深。

所以过场戏不是角色之间的闲话。不是为存在而存在的搞笑桥段或动作桥段，虽然桥段也很重要，我们下一章就要讲到了。过场戏有助于推进故事和角色，就像主要的转折和升级所起到的作用一样。看一看剧情整合里的故事和角色，然后问问自己，从一个转折到下一个转折之间,必须发生什么事,才能让观众适应这个故事;才能揭示出角色在这趟旅途中必需的东西;才能最大限度地利用你的概念。是时候搞清楚,你的电影里到底要发生什么事了。如果你之前都按要求完成了作业,那这些事就不会是一些随机的决定。你的角色和故事转折,以及在剧本中构建的戏剧性事件,都应该有助于场景或步骤之间的有效衔接。

副线剧情:B线、C线和"搞笑担当"

随着对角色的世界和生活的不断挖掘,会有一些新的细节出现在故事里。不管你写的是群像电影(ensemble movie)还是单一主角的电影,你创造的每个角色在进入你设置的情境中时,都带着他自己独特的背景。他们有自己的生活和故事,虽然看起来似乎与驱动电影创意的概念没什么关系。其中一些故事会继续跟主线(A)剧情同时发展。汉·索洛欠赫特人贾巴的钱,就是一个完美的例子。他接受卢克和欧比旺的提议,就是因为他欠了债,急需还钱。这就解释了他自此以后所做的每一个决定,直到影片结尾的最后一次举动,才是出于友情和英雄主义。要构思出成功的副线剧情,关键是要认识到,它们其实并不是,或者不应该与电影的其他部分毫无关联。它们是整体创意的有机组成部分。副线剧情不是不相干的故事,不是随意的点缀,不是碰巧与主角的故事发生碰撞。

B线和C线是挑战影片中心论点和巩固主角目标的机会。如果副线剧情跟主线剧情在主题上和叙事上没有关联,那就说明你设计得不对,或者考虑得不够充分。在为你的配角寻找有意思的生活状态和个性表达时，要确保他们的故事与中心剧情互相衔接，并且能以某种方式对剧本中的辩论产生助力。如果到了第三幕时，你突然发现自己要给各种看起来互不相干的故事线收尾，那么可能是因为你的B线和C线从一开始就没有得到适当的整合。影片的创意、主题对于副线剧情的重要性，与副线剧情、辅助角色对于主线剧情的重要性不相上下。

你对配角的生活和性格挖掘得越深，就越能找到更多机会去设计花样、插曲和搞笑担当。就算你写的不是喜剧，但有一个或一组具备搞笑视角和个性表达的角色来调节气氛，缓和紧张，带来一些轻松感，也是很吸引人的。这些"搞笑担当"通常出现在重要性最低的故事线里，可能在整部影片中只有零零散散的三四场戏，但却能带来巨大的不同。比如里尔·莱尔·哈瓦瑞在《逃出绝命镇》里饰演的罗德，交管局的一名员工，这部影片能够成功，他有很大贡献。罗德是主角克里斯的好友，总是嚷嚷着他的一套阴谋论，跟谁说话都是这样，不管是克里斯、克里斯的女友萝丝，还是警察。当然，包括观众在内，所有人都觉得他在胡言乱语。直到事实证明他是对的。如果没有罗德突破性的视角和搞笑的演绎，《逃出绝命镇》或者主角克里斯会是什么样？当你看着角色动作表，思考你的大纲时，看看有没有这样的角色和机会，能够时不时地打断主线剧情的进展，增强观影体验。在构思剧本里所有的故事线时，要让它们用意想不到的方式发生交集，并且在第三幕里充分合并，这样才能给你这个精巧的剧本加上一个令人满意而又力量十足的结局。

大纲

现在要动手实践了,朋友。如果说剧情整合和一页剧情简介主要是一个机械过程,构思过场戏像一种创意性较强的连线游戏,那么写大纲就是让你和你的决心经受真正的考验。大纲往往并不有趣,它没有真正写戏时能获得的那种成就感。如果有个搭档跟你合作,互相交流想法,展开对话,会让这个过程容易一些。这就是大家选择与他人合作的原因之一。当然,这种方式的弊端是,两个人一起写大纲或剧本,耽误的时间也比一个人写要多一倍,甚至更长!我们曾经有整整八个月时间,每天只是坐在办公室里,看工程车在对面的工地上挖大坑。不过在大多数情况下,不管你是自己写,还是跟搭档一起写,把剧本里的"何事"(what)转化为"如何"(how),这都是一个对创意和决心进行检测的机会。而你已经准备好了。

我们可以提供一些写大纲的常规指导,但主要还是得靠你为这个剧本积累的创意和信息,以及你自身的创作能力。这没有问题。到现在为止,你对你的电影其实已经非常了解了。你了解你的角色,以及他们的视角。你了解你的故事,以及它如何在三幕结构中展开,既包括宏观层面,也包括内部的过场戏。现在你最需要的是想象力和灵感。对一些人来说,这可能是最难的部分。而对另一些人来说,这却是期盼已久的时刻。在这一步,你终于可以不用再听包括我们在内的任何人告诉你能做什么,不能做什么,你终于可以开始释放自己的艺术灵感了。不管是哪一种情况,现在都来一展身手吧。

在把节拍扩展成场景的过程中,你要记住动作比语言更有力。就像在生活里一样,你的角色做了什么,他们如何通过动作对环境做出反应，这比他们说了什么所传达出来的信息更多。如果一个人自己说自己很诚实，可能反倒引起我们对他的怀疑。相比之下，如果一个人在路上捡到1万美元后还给失主，会更容易赢得我们的尊重和认同。关键的区别就在于，一个角色是否诚实，这要由观众来判断，而不是由角色自己说出来。这就是你从写大纲到写剧本时都要用到的窍门。虽然你已经对这些人物及其在故事中扮演的角色下了定论，但在渲染他们时，你要让我们，也就是读剧本的人和看电影的观众，感觉到评价角色、判断角色和决定最终胜负的是我们自己。你给我们提供的这种机会越多，我们对故事的认同感就越强。这是剧作魔法的一部分，当它发挥作用的时候，会产生惊人的力量。大纲就是给你的宏伟想象做计划。

另一个小窍门：让你的故事保持简单。角色要丰满，在故事里承担的风险要高，动作要出人意料。但如果情节太复杂，只会过犹不及。不要只为了让我们一直猜测和惴惴不安，而增加不必要的剧情和动作。如果你的第二幕里每15页就有一次反转或转折，那么再加入更多剧情的话，很可能既没有必要，也没有帮助，实际上还可能起到反作用。大纲应该是概念和主题的证明。请再一次把你自己放在律师的位置上，为你试图在故事里证明的信念而辩解。你设想的每个场景都对你的论述有进一步的帮助吗？对于论点的衔接是必要的吗？如果不是，你可能需要舍弃它，不管它在你的想象中是多么精彩。如果它会对读者的注意力造成干扰，那最终还是会被删掉。如果它能侥幸留下来，结果也会导致读者在评估你的剧本时，依据的就是这些没什么用的场景。换句话说就是，我们劝你舍弃，是为了确保你的大纲稳扎稳打！

不要在剧本里用打电话，或者一边喝咖啡一边聊天的方式来交代信息。你可以跟朋友一起喝咖啡，可以跟你妈妈打电话拉家常。但这些不是电影，我们看电影是因为电影里发生的事比我们的日常生活更有趣。在写每一个必要的场景和段落时，都要问问自己：让这件事用什么样的方式发生才最有趣？要认真对待这个问题。如果你想不出答案，不如去街上走一走，买杯咖啡……向老天祈祷。用一切方法来清空你的大脑，点燃你的想象力。当然，有时候这个答案依然是……他们一边喝咖啡一边聊天，或者是吃早餐、喝啤酒，因为在这种情况下，现实生活中的人的确会这么做，这样做最真实。比如《甜心先生》里，主角杰瑞·麦奎尔就是在吃午饭时被炒鱿鱼的。这个场景是成功的，而且是故意这么设计的。再强调一次，不要太迷信这些规则和指导，你要自己去深思熟虑，用心构思，发挥创意。如果你找到了一种方法，是你觉得最刺激、最真实的，那么读者和观众很可能也会有同样的反应。

你可以用任何你喜欢的工具或方法写大纲，只要别走捷径，而且最后拿出来的东西能真正起到辅助你写剧本的作用就行了。我们的大纲乱得可能只有我们自己才能看得懂，不仅字迹潦草，而且很多笔记都是从后往前倒着写，内容记录着零散的故事情节及人物描写，对白也是东一句西一句，所以我们的这种大纲写作方式实在不适合推荐给大家。它唯一的用处，就是日复一日地引导我们，从一个场景走向下一个场景。为了进行说明，来看一看我们的大纲是什么样的吧。

下面是《居家男人》的第一幕，这是动笔写剧本之前，导演及演员参与进来之前，我们所构想的样子：

——开场是13年前,杰克和凯特在肯尼迪机场,眼泪汪汪地告别。她给他录了一盘歌曲合集磁带,名字叫《每一首歌都会让你用不同的方式想起我》。杰克舍不得离开……但时间到了。接着,就在他转身走进登机口时,"等一下。"凯特告诉他,她突然有一种不好的预感,他去伦敦工作这个决定似乎是错的。他们虽然有计划,但如果真想一起好好生活,就应该放弃这个计划,现在就开始一起过日子。"我不知道那种生活是什么样的,但我知道里面有我们两个人。我选择我们。"而杰克向她保证:"我爱你凯特。在伦敦待一年不会改变这一点,一百年的时间也无法改变这一点。"然后他就走了……

　　——叠化转场至:现在,杰克在他豪华的曼哈顿公寓里醒来,身边躺着一个美女……但不是凯特。他今晚还想见她,但今天是平安夜,她要回家去过节。杰克对圣诞节不太当回事,不像大多数人那样重视。

　　——杰克就像宇宙的主宰,他非常享受早晨的仪式感。他的衣帽间像一座小房子那么大,他在里面穿衣服,套上手工定制的西装,还有意大利皮鞋……

　　——他在电梯里遇到了邻居彼得森太太,他们关系很好。他还迅速地给门卫托尼提供了一些理财建议,大家都喜欢他。

　　——杰克开着法拉利驶过曼哈顿的街道,停在拉斯特公司的大楼门外,一个服务员帮他去停车……

　　——在拉斯特公司的会议室里,杰克正带领团队处理公司历史上最大的一笔交易，一个价值300亿美元的药厂收购案。副总裁阿伦·明茨急着回家去跟老婆孩子过圣诞节。但对杰克来说，真正的节日是这笔交易完成的那天……

—— 会议很晚才结束，杰克的助理阿黛尔把收到的电话留言交给他。其中有一条来自凯特。阿黛尔能看出这里面有故事，但当她询问时，杰克却对13年前机场发生的事讲了一套歪理。事后回想，他认为凯特当年让他留下，是在试图阻止他发挥潜力走向成功。阿黛尔想给凯特打电话，但杰克阻止了她。接着彼得·拉斯特进来了，虽然他很严肃，但很显然他喜欢杰克，把杰克看作自己的接班人。收购案的买家很紧张，因为这是一大笔钱。杰克让阿黛尔帮他取消了跟姑姑一起过圣诞节的计划，再订一张机票，准备去安抚买家。接着，他问拉斯特对于凯特的事怎么看，后者回答："旧的恋情就像旧的税单……放三年就可以扔了。"于是杰克扔掉了凯特的留言。

—— ……这天晚上还发生了别的事。可能因为是平安夜，也可能是因为凯特的那通电话，杰克不想回家，不想一个人……他去办公室附近的酒吧喝酒，跟坐在他旁边的黑人角色萨利发生了一段对话。[1]他们聊到了后悔的话题，杰克坚持说自己不后悔，他怎么会后悔，他的生活就是他想要的样子……

---

1 这个角色和场景后来被改了，因为导演参与进来后，觉得应该用一种更有现代感的方式进入影片里那个特殊的世界。——作者注

——杰克回到他的曼哈顿公寓里睡觉，但当他醒来时……

——他在一个中产家庭的主卧里，这座房子有三个卧室，两个半卫生间，位于新泽西。他身边躺着一个女人……是昨晚的那个女人吗？不是。这个女人跟他自己年龄差不多。是凯特。什么鬼？！接着一个小女孩冲了进来，6岁，还带着她18个月大的弟弟。这是安妮。她开始在床上蹦跳，唱歌，她想打开圣诞礼物……

——杰克吓坏了，他赶紧跑出房间，跑出房子，径直撞到了……

——艾德和罗琳，凯特的父母。艾德像得克萨斯人一样说话，而他明明来自帕拉默斯。罗琳喜欢喝酒，几年前已经戒了，她很爱孙子孙女。老两口心情很好，见到杰克更高兴了，但杰克已经13年没见过他们了。他觉得自己像是在一场糟糕而漫长的幻觉里。

——杰克抓起小面包车的钥匙，这个细节真是雪上加霜，驾车冲到他在纽约住的大厦门前，但门卫托尼没认出他，不让他进去。他穿着运动裤大喊大叫，托尼把他当成了流浪汉。彼得森太太遛狗回来，也没认出杰克。杰克绝望了……"我们曾经并肩作战，争取垃圾处理器！"现在杰克真的被逼到绝境了。托尼威胁说要打电话叫警察，杰克则回击说，要向业主委员会告他们俩的状……

——杰克跑去办公室，保安也没认出他，把他拦在大楼外，不让他进去。他坚持说他是拉斯特公司的总裁，但当他指向大楼名牌时,却发现公司总裁那栏写的不是他的名字,而是那个泰迪熊一样的阿伦·明茨!

——杰克失落而迷茫地离开公司大楼,不知道发生了什么,也不知道该怎么做。手上只有小面包车的钥匙。他回到车里,开回新泽西。他似乎被困在了另一种生活里,跟13年前在机场离开凯特后,他为自己一手筑造的那种生活相比,各方面似乎都烂透了……

第一幕结束

在结束关于大纲的讨论之前,还有一些观察。请注意,这部影片的中心论点从第一个场景就开始了,也就是凯特恳求杰克放弃原本的计划,虽然留下来跟她过日子会有更多的不确定性,但他们知道,至少这样双方不会分开。杰克不顾凯特的恳求,还是离开了,但他做的这个选择是不是真的更好呢?又隔了几场戏,13年之后,秘书阿黛尔在鼓励他给凯特回电话时,这个问题再次引起了争论。而彼得·拉斯特的观点,可能也正是当初让他决定离开凯特去伦敦工作的原因。多年之后,即使已经有了之前的经验,杰克还是再一次听从了那个声音。如今他被迫通过这次"体验",认真地考虑一种可能性,那就是:为了追求工作机遇放弃了爱情,虽然这个决定显然给他带来了很多好处,但也可能是一种损失。这场辩论在整部影片里一直延续,直到最后一个场景,也就是局面终于扭转,杰克体验了一把凯特当年的心情。她要去巴黎,他让她留下,哪怕只是留下跟他喝一杯咖啡。这部影片里的每一个角色,第一幕里出现的,以及只在第二幕里出现的,几乎都对这场"爱情与事业孰重孰轻"的辩论持有自己的观点。

再看看第一幕的框架,看看一页剧情简介和角色动作表上的节拍,以及作为过场戏的场景。我们以杰克的选择为开场,这个选择驱动了整个故事。杰克与凯特之间毫不掩饰的爱情,让我们对他们最开始的感情产生了认同感。接着用一系列场景表现杰克现在的生活,没有了凯特的生活,这是过场戏。然后我们到了电话留言那场戏,那是我们剧本的第10页。接着,杰克与阿黛尔和拉斯特进行了辩论,然后遇到了萨利,也就是守护天使的角色。到了第19页,是杰克第二天在新泽西的家里,在凯特身边醒来。然后杰克开着小面包车逃走了,他去了他住的大厦和办公大楼。还有更多的过场戏,都是对角色来说符合逻辑而且有必要的,还增加了喜剧效果。到了第28页,他回到了新泽西的家里,跟凯特和两个孩子一起,过着一种他从未选择,但显然也无法逃离的生活。第一幕结束。第一幕的大纲里,每一场戏都有明确的目的,并且有助于故事、角色和主题的推进。

《居家男人》的投拍之路十分漫长,而且非常坎坷。前后花了快五年时间。我们失去了第一任导演柯蒂斯·汉森,我们跟他密切合作,改了几个月剧本,但最后他决定去拍《奇迹小子》(*Wonder Boys*),那是一部对他来说更加个人化的影片。数月的时间过去了,似乎一点动静都没有,没人将它重新推动,向前走。但最后,这个故事和这个剧本还是在好莱坞的变迁中幸存了下来,因为所有主要的参与方:制片人、导演、电影公司以及演员,都在里面发现了对他们来说很重要的东西,发现了值得进行呈现,值得花力气,值得为它而战的价值。这部电影之所以能得到机会并获得成功,很大程度上是因为它是我们带着满腔热情构思出来的,是带着爱和渴望写出来的,我们渴望创作出美好、神奇、浪漫、鼓舞人心和有趣的东西。虽然最终拍出来的成片有人喜欢，也有人诟病。但很多年之后，似乎前者越来越多，后者越来越少了，这很好。不管你在写作时多么深思熟虑，多么勤勉用功，有些剧本就是比另一些更加精巧。《居家男人》这个剧本似乎总是能额外得到上天的眷顾。

大纲、详情或提案文件

你最终要写的文件形式，取决于你在行业里的位置，以及你期待它在合理范围内，带来什么样的结果。如果你已经是一个成熟编剧，有代理人，也拥有一些已经顺利出售的剧本，或者甚至有已投拍的作品，那么你就处在要用提案来推销自己电影的位置上。卖提案的方式曾经很普遍，而且跟现在相比，成交的频率更高，因为那时候电影公司制作和发行的原创电影更多，所以他们会购买和开发很多原创创意。现在，电影公司为了获得最大收益和降低投资风险，更多地依赖IP，所以如果没有大导演或当红演员这种重要的附加元素，是很难卖出提案的。如果你正好要向这样的买家做提案，那么就应该把大纲写成提案文件的形式，这样不管你是念稿、背稿，还是用更加即兴的方式来展示，它都能发挥作用。我们给《居家男人》做提案时，背了9页稿子。提案持续了大约一个半小时，即使是在1995年，这也太荒唐了。但我们是把影片里的所有台词都写出来了，包括最后在机场，杰克试图向凯特描述他们在一起的生活时说的那句"我们在新泽西有个家。"如果你需要给你的电影做提案，而且也有这个计划，那么你得确保，你能让买家尽可能完整地感受到你的影片。提案的目标是，让买家觉得像是从头到尾看了一遍电影，时间最好控制在20分钟以内。除非你是詹姆斯·卡梅隆，否则更长的提案会考验他们的耐心。

你可能会想，能不能把大纲写成叙事形式的电影详情拿去卖？这样就能在收钱写剧本之前，减少前期的工作量。答案是：不行。不可能的。主流电影行业的制片人和投资人不会买电影详情，也不太会用详情来招揽其他合作伙伴。大多数情况下，只有完整的剧本才是能卖的东西。但如果你是在跟经纪人或制片人一起合作[1]，把创意开发成剧本，那么把大纲写成叙事形式会有很大帮助，这样你就能从他们那里收到最有价值的反馈。但若你是在编剧班或者编剧团队里写作，这种情况就直接写成详情吧，只要有用就行，用7～10页纸来展开你的故事，最多15页。除了你的亲朋好友，其他人对它是否感兴趣？这又是一个机会，可以对你这个创意的可行性和方法进行检测。如果连希望你成功的人态度都很犹豫，那么现在你就得调整方向了，调整不了的话，干脆放弃吧。要记住，你这个故事不是给你自己写的，而是给某个陌生人写的，他可能正坐在北京的一家电影院里。在你的提案文件、详情或大纲成功搞定制片人、导演、理想的演员、电影公司高管或投资人，以及他们的市场部门之前，不要动笔写剧本！不要想着把你的详情交给代理人和制片人，就能被破格录用。没这么简单，你也不是行规的例外。我们其他人怎么做，你也应该怎么做，踏踏实实写剧本，往好了写。把所有漏洞都堵住。

1　请注意，美国编剧协会对于编剧与制片人之间的关系，以及未签合同、未付酬劳时的工作范围具有非常详细的规定。当然，这只适用于已经成为美国编剧协会会员的编剧。——作者注

打造吸引眼球的桥段

2005年夏天，我们的代理人安排我们去见《婚礼傲客》（*Wedding Crashers*）的制片人安德鲁·帕奈（Andrew Panay）。《婚礼傲客》7月刚刚上映，有望在国内收获超过2亿美元票房，帕奈可谓春风得意。而当时我们的事业陷入了停滞，手上的项目没有进展。那时候我们已经认识了好莱坞的很多制片人，尤其是喜剧制片人，但我们还从未见过帕奈。他没有让我们失望。他穿着一条紧得不能再紧的牛仔裤和一件紧得不能再紧的T恤，一身肌肉，发型狂野，让人想起《圣经》里的大力士参孙。帕奈说话的方式我们从来没见过，是一种时髦术语、喜剧口吻和些微个人特色混搭的产物。他非常活跃，充满激情和创意，是一个很厉害的人。我们先大概聊了几分钟，各自介绍了一下在行业里的经历，然后我们开始聊创意。当时我们可能说了几个，也可能没说。因为那只是一次普通的"认识一下"的见面，不是正式的提案会议。但帕奈有一个创意，或至少是一个创意的种子，想跟我们分享。他告诉我们，根据加州的法律，两岁以下儿童的父亲，可以享受6个星期的带薪产假。他想拍一部喜剧片，讲一个男人用完了公司提供的所有假期之后，借来别人家的宝宝，假装休产假，实际上是跟朋友跑去玩了。我们喜欢这个创意，感觉很适合我们，相当于一个中年版的《神童》，主角走了捷径，最后在面对后果时，对自己和生活有了新的认识。我们告诉帕奈，几周内我们会再约他。

几个星期后，我们按照约定回到了他的办公室，带着一份6页纸的提案文件。我们在里面对已有的一切都作了详细说明，包括一个我们从未见过的出色概念；一个稳赢的主角，他会在这个概念的基础上得到最多，也失去最多；标志性的优秀喜剧范例；在一页剧情简介中表现得非常稳固的结构；一张角色动作表，其中主角与反派的对抗非常明确，并且双方的观点和利益互相冲突；以及一份叙事性的提案文件，用恰当的语气把故事从头到尾讲了一遍。堪称完美。

我们感觉很好，很自信。我们已经通过提案卖掉了《关岛登月》和《居家男人》，还通过提案得到了很多赚钱的工作机会。我们知道自己在干什么。我们的这部《陪产假》（Paternity Leave）十拿九稳。

帕奈见到我们很兴奋。他对这个创意充满激情，急着想听我们要说什么。所以我们就开始进行提案。完整的三幕，可能花了20~25分钟。结束之后，我们自己觉得像是给帕奈送了一份大礼，他给了我们一个概念，而我们几周后带回来了一部完整的、全面呈现出来的电影，可以直接写剧本了。但他的回答是这样的："两位，第一幕，完美。第三幕，简直天才……问题是，我没听到一个字是说中间的。第二幕是什么？桥段在哪里？！"

"我没听到一个字。"我们当时不是很明白,他这句话到底是一种形容,还是真的没听到。可能是真的没听到,但这不重要。我们明明花了提案的10～15分钟讲第二幕,结果对方却完全没听进去。他一个字也没听到。我们的提案对他不管用,就因为我们没有这种叫作桥段的东西……

什么是桥段

桥段,喜剧片里有,动作片里有,惊悚片里有,科幻片里有,冒险片里有,恐怖片里有……甚至剧情片里也有,只不过更不露痕迹一些,但却同样重要。就像色情片一样,桥段也很难被精确地定义,但当你看到它的时候,自然就会知道它是桥段……E. T. 和埃利奥特在《E. T. 外星人》的结尾逃走,跟骑自行车的男孩们在巨大的月亮前飞起来;《飞越未来》里,汤姆·汉克斯和罗伯特·劳吉亚在施瓦兹玩具店,跳着弹巨大的地面钢琴;哈里森·福特在《夺宝奇兵》里一枪打死耍大刀的追兵……这些场景都可以简单地称为"XX式场景",所有人都明白你说的是什么。《凡夫俗子》(*Ordinary People*)里的"吐司场景",或者《愤怒的公牛》里,罗伯特·德尼罗饰演的杰克·拉莫塔让乔·佩西狠狠地打自己。说到罗伯特·德尼罗……"你在跟我说话吗?"[1]

没错,在合适的条件下,一个人对着镜子自言自语也可以是一个桥段。成功的桥段能通过一个单独的场景或段落,真正展示出你

---

[1] 这句台词出自罗伯特·德尼罗的另一部代表作《出租车司机》。

这部电影在大银幕上的潜力。也就是"预告片时刻"。合适的桥段能给你的剧本带来热情和热度，并提高阅读剧本和观影的体验。它还能给市场人员，也就是电影公司里，有权表决哪些剧本能买和能拍的那些人，提供一个给你这个项目竖大拇指的理由。制作总监和市场总监在剧本里看到桥段，就知道他们能剪出预告片，能把你的电影卖出去。构思和写出优秀的桥段，对创作出色的剧本来说是关键的一部分。

我们的剧本和电影，哪怕是当年的，也都有桥段。如果入行的10年里都没写过桥段，我们也不可能有机会见到帕奈。但我们没意识到，当时整个电影行业，尤其是喜剧片这个类型，正在发生一种切实而显著的转变，而《婚礼傲客》的票房大卖正好推动了这种现象，因为它就是这种转变的代表性案例。在大银幕和小荧屏上，争夺观众眼球的竞争越来越激烈，电影公司几乎每一次出击都想要全垒打。而全垒打就意味着大场面、大胆、突破性的桥段，能引起人们的讨论和推特的转发。20世纪八九十年代那些最出色的、最精致的喜剧片里当然也有桥段，区别在于，那些电影是用桥段来增色，而不是被桥段驱动。世道变了。比较一下《上班女郎》（*Working Girl*）和《伴娘》（*Bridesmaids*），《窈窕淑男》（*Tootsie*）和《冒牌家庭》（*We're the Millers*）或《恶老板》（*Horrible Bosses*）。通过"桥段在哪里"这个问题，帕奈用他独特的方式把我们拉进了当下的现实。

提案结束后，我们带着困惑回到自己的办公室，非常沮丧。我们不明白我们的第二幕为什么不行，明明经过了精心的构思，在第一幕里做了充分的铺垫，在第三幕里好好地收尾。但他可是《婚礼傲客》的制片人啊，当时这部影片是史上票房最高的R级喜剧，所以他说的话肯定是有道理的，于是我们重新检查了一遍我们的第二幕。所有的故事都在那儿，人物弧光也按照我们的想法展开了，还有一些有趣的场景，表现主角一边渴望着休假，一边又要挣扎着去亲手照顾宝宝（这是第45页发生的一个反转）。而且他还爱上了宝宝的妈妈，一个大学时期的朋友，还是个"A型人格"[1]的女强人，他以前从来没对她动过"那种心思"……但帕奈是对的，我们没有大场面的桥段，只有幽默的对白和有趣的场景，但这些不足以让你一出电影院，甚至是坐在电影院里看电影时，就忍不住发短信向朋友推荐。

所以还得改。我们把第二幕捋了一遍，寻找能让动作加剧的位置，能创造一些情境来把已有的这个故事推向更极端的地步，让它依然根植于原有的故事和角色之上，只是变得更加极致。然后我们真的找到了这样的地方，而且是好几个。我们开始进行头脑风暴，给每个转折点都想了一个最有趣、最好笑的桥段，最后我们都笑出了眼泪，笑得在地上打滚。[2]那就是我们开窍的瞬间。在那一刻，我们真正明白了，不仅是脑子明白了，笑疼的五脏六腑也明白了，桥段到底是什么，以及合适的桥段能对一个提案或一个剧本作出多么宝贵的贡献。

---

1 A型和B型人格，是一类性格行为学理论。该理论最早由美国心理学家迈耶·弗里德曼医学博士以及雷·罗森曼医学博士在合著的《A型行为与你的心脏》中被提出。他们将一类具备高度竞争性与组织能力，急躁、缺乏耐心、对时间有紧迫感的人群合称为"A型人格"。
2 请看本书P178桥段案例章，《陪产假》里的吸奶器段落，成稿日期是2010年5月7日。版权归新线影业所有。使用经过授权。

设计你的桥段

　　回到你的范例片单上。上网看一看这些电影的预告片，有没有你一眼就能认出来的桥段？有没有一些已经进入观众集体意识的标志性场景？想一想你正在写的这部电影，它的预告片会是什么样？你有没有漏掉什么必需的东西？换位思考一下市场人员的工作，用他们的眼光去看你的剧本，这样能帮助你给读者和观众带来惊喜。想几个好桥段出来，给第一幕和第三幕各用一个，然后给第二幕多用几个。再看一遍《夺宝奇兵》，这部影片的开场和结尾都是桥段，中间也有很多令人难忘的桥段，它们都有助于巩固角色，强化故事，以及提升观影体验。这就是优秀桥段的作用——为故事和角色作贡献（比如《飞跃未来》里的地面钢琴），但又不会对角色或叙事造成干扰。桥段不应该是故事的旁枝，它应该是必要的过场戏的一部分，能够巩固你提出的戏剧论点。

　　你可能发现了，最成功的桥段往往是在一大群人面前展开的，想想《春天不是读书天》（*Ferris Bueller's Day Off*）里，马修·布罗德里克在游行队伍中唱歌那一段。这种方法可以用来判断一个桥段是不是整个故事的有机组成部分，但是要注意，把一个场景或一个动作放在一大群人面前，并不能让它自动成为一个桥段。不要模仿其他电影里的成功桥段，还期盼得到同样的效果。成功桥段的前提之一就是原创性，是大家之前从没见过的。比如《美国派》（*American Pie*）里的"派场面"。换句话说就是，你也许能辨别出制造成功桥段的原料，然而却没有配方。

　　回到你的大纲上。看一看主角出场的场景，有没有办法把这个场景升级，提高主角面临的风险，让他更积极主动，更搞笑/可怕/兴奋，更有戏剧张力和感染力。用这种方式检查一下故事的每个阶段，看看你的主要转折和过场戏，怎样能让主角的动作更加吸引眼球？怎样通过高风险的动作而不是通过对白来展示角色的内心，从而让他的形象更加鲜明？如果有机会在不违背剧本基调的前提下，把场景升级为桥段，那一定要抓住，不管是在第一幕、第二幕还是第三幕。当然，别忘了，连过山车都会在恐怖的大俯冲之前，先来一段缓慢而平稳的爬升。所以如果你想在电影里加入桥段，就要先在它前面铺垫一段预感，这样才能发挥出最好的效果。《拜见岳父大人》（*Meet the Parents*）里有很多优秀而令人难忘的桥段，但它们之所以成功，很大程度上要归功于编剧格雷格·格列娜、玛丽·露丝·克拉克、吉姆·赫兹菲尔德和约翰·汉博格对剧本的设计，以及主演本·斯蒂勒、罗伯特·德尼罗和导演杰伊·罗奇的精彩呈现。在设计桥段时要记住，一个动作的影响力，在很大程度上取决于它揭示出了多少与角色有关的东西。脱离实际的桥段很少有机会，甚至从来没有资格被称为"XX式场景"。如果观众不理解也不关心你的角色，以及他的目标和愿望，那你的桥段就不会成功。

2005年9月28日，我们带着加入了新桥段的《陪产假》去各个电影公司做提案，安德鲁·帕奈称之为"巡演"。我们从新线影业开始，接着又去了迪士尼，最后一站是派拉蒙，然后我们接到了代理人打来的电话，让我们原地待命。新线和迪士尼都准备出价，所以我们就不用再去环球了，那是我们原定的下一站。我们跟帕奈在派拉蒙的园区里边吃饭边等，我们的代理人在另一头忙前忙后，比较迪士尼和新线的报价。那天是我们职业生涯中最刺激的一天，一种难忘的体验，我们卖出了入行以来价钱最高的一个提案。

　　之前那个没有桥段的版本能卖掉吗？也许能吧。它的确让人想起了我们早期写的一些受到制片人欢迎的剧本——《神童》《关岛登月》《居家男人》……它们每一个都是暖心又好笑的剧本。但如果提案里有大场面、大胆而且有机的桥段，会让高管们觉得好像亲眼看到了影片一样，仿佛真的体会到了影片中的乐趣，并且已经知道该怎么卖这部片子了。这样的提案会让电影公司老板抓起电话，打给他的商务总监和我们的代理人说："这个我必须拿下！"

　　尊重你的角色，尊重你的故事，尊重你的基调。想办法给你的剧本里加入好看而且有用的桥段。朋友，关于前期准备工作，这是我们所能提供的最后一条指导了。在大纲里选好位置，设计一些桥段放进去，等你做完这些后，我们就坐下来写一个无懈可击的剧本。

写出胜券在握的剧本

如果某个熟人,或熟人的熟人,让我们帮忙看看剧本,我们通常会同意,但是有句丑话要说在前头,除了我们的好友或家人,对其他人,我们一律按照业内人的方法来操作。也就是说,我们会从第1页开始读,希望这个剧本能让我们一路读到结尾。我们期盼能发现一个现象级的剧本,并且把这个尚未被发现的天才编剧介绍给全世界。然而,如果这个剧本让我们看到中途就失去了兴趣,这个中途可能是第5页,也可能是第75页,那我们就不再往下看了,任何一个业内人都会这么做。我们会告诉编剧,我们是在哪里停下来的、为什么停下来,以及在阅读过程中观察到的其他东西和看法,但我们不会继续在这个我们已经放弃的剧本上花时间了。我们之所以用这种方法看剧本,有这么几个原因:首先,纯粹是从实际出发。我们必须节约时间,因为我们还有自己的剧本要写,有时候还要为了工作读一些剧本。除了工作以外,我们还有家庭,以及其他要做的事情,所以时间真的很有限。其他愿意读你剧本的业内人也是如此。其次,一个编剧在请别人帮自己看剧本的时候，应该知道分寸，尤其是当这个人既非你的好友，也非你的家人时。你在要求这位读者为你花费几小时的时间，不要觉得这是理所当然的。最后，同一个读者通常不会帮你看好几遍，除非他真的相信你这个剧本有潜力，而且觉得他能帮助你实现这种潜力。所以你要小心地选择帮你看剧本的人和时机。应该让正确的人，在正确的时间，看正确的剧本。毕竟你也不想把这事搞砸。当然，我们曾经也找过很多人，帮我们看过很多个剧本草稿，然后才终于卖出了第一个提案。我们希望找到更多业内读者帮我们看剧本，你也应该这样做。等下一章和最后一章讲到怎么卖剧本的时候，我们再详细说这个问题。但这些都不会削弱每一位读者和每一次审读的重要性。写作中有很多美好的自由，但基本的框架和目标，与我们在前面每一步里强调过的别无二致，那就是不要让读者失去兴趣。本章的重点就是提供一种方法，让你脑子里带着这个简单而又关键的目标去写剧本。换种说法就是，让你的剧本胜券在握。

如果你还在纠结，写剧本到底是为了读者而写，还是为了满足自己的创作欲而写，这说明你八成是翻了几页之后，就把这本书扔到一边了。因为如果你一直坚持看到了现在，就应该明白，真正买你剧本的那些人，不会直接看你的剧本，除非有个他信任的人要求他亲自看。如果你想绕过这个体系，直接把剧本给电影公司老板看，最好的方式就是先拿个奥斯卡，或者普利策奖，或者写过一部票房达到6亿美元的电影（这个标准以前是1亿美元，现在已经涨了）。而我们其他人的剧本都得先拿去给审读人看，对方会评估一下要不要向上级提交。如果审读人失去了兴趣，你就被毙掉了。只有抓住和激发读者的兴趣，你才能更进一步。简单来说，写剧本几乎就像是打游戏，只不过通关这个游戏需要工作3~6个月时间，写几百页文字，并且可能赚到6~7位数的报酬。下面是一些想法和小技巧，告诉你怎样才不会让读者失去兴趣，或者换个更积极的说法就是，怎样写出一个从头到尾都引人入胜、扣人心弦的剧本。这听起来可能是个很高的要求，但只要你已经跟着我们学习了前六章，就会在动笔写作时得到很大的帮助。让我们从剧本的开场开始……

开场

剧本的开场之所以极为重要，有两个原因。只要站在电影观众、剧本审读人或项目开发总监的角度，你就能理解他们了。如果你拿自己辛辛苦苦挣的钱买了一张票去看电影，结果看到的第一个画面是，角色在某个普普通通的场合，一边吃饭或者一边喝咖啡，一边说一些无关紧要的话。那么除非这个饭馆在几分钟之内爆炸了，否则你一定会抬起手表看时间，心里后悔为什么不等到这部片子网播的时候再看呢，或者干脆彻底不看。这并不意味着，你必须在剧本开场写一个大场面的动作段落或搞笑段落，虽然这样也没什么不好（再次以《夺宝奇兵》为例），但你的确需要在开场写一个能帮助观众进入影片的画面或场景。观众激动地跑来看电影，满怀期待。你不能在第一个场景就让他们失望。

对你的读者来说同样如此。你要学会换位思考。你的读者可能是一个兼职审读人、一个代理人，或一个忙着寻找新项目的导演。他们并不认识你，只是因为有个熟人建议他们看看你的剧本。你可能整个周末都处在紧张又兴奋的状态中，等着听他们的看法。但与此同时，他们在读你的剧本时，会带着一种合理的怀疑甚至是恐惧。又一个烂剧本，谁有那么多时间看？！当然，他们害怕读你的剧本，这并不是你的错。在他们今年将要读到的所有剧本里，你的剧本已经算不错了！但实际上，真正的好剧本确实很少见。除非你的读者知道你这剧本写的是什么，或者有个信任的人向他确保，说这个剧本在执行层面跟它的创意层面一样好，否则他翻开第1页的时候，肯定多多少少会带着一定的质疑。所以你必须在开场就立即用一个场景回馈读者，报答他给了你和你的剧本一个机会，这一点非常重要。如果你要介绍影片中的世界，必须采用你能想象到的，最吸引人的方式。如果你要介绍你的主角，就要确保这个主角用一种令人难忘的方式出场。你的读者已经阅片无数了，你写剧本时用到的范例，他们可能大部分都看过，或者全都看过，所以不要拿换汤不换药的老套画面或场景去浪费别人的时间。你的开场应该别出心裁、出人意料，还要有助于确立影片中的世界，并且体现出影片的基调和主题，这样才能引起读者的兴趣。如果你之前花了很多时间做大纲，肯定已经对这个开场场景心里有谱，并且知道该怎样实现它了。但如果你的大纲写得很简略，比如"开场是抢银行。亚历克斯选择了向他的同伙开枪，而不是杀死无辜的出纳员"，那你就得再多想一想了。你的"亚历克斯"也许是一个迷人的反英雄，但抢银行的戏我们以前都看过，甚至包括抢劫犯其实是个好人这种设定。所以请用一种我们没见过的方式来呈现，然后把这条标准应用到之后的几乎每一场戏里。

　　这就是你吸引和取悦你的读者和观众的方式。在写每一场戏之前，你都要问自己：怎么写才能让它最有趣？怎么写才能让它前所未见？

  我们之前说过，在现实生活中，人们确实会在餐馆里喝咖啡，会在酒吧里喝酒。而你想要的效果就是真实感，不想为了讨巧而牺牲真实和共鸣。如果你写的场景真的需要角色一边喝着咖啡或啤酒，一边进行对话，那就利用这个对话的机会，来表现背景所不能表现的东西。要么揭示一些出人意料的信息，要么采用一种出人意料的方式。写的时候要注意起伏，把这个相对静态的场景当成一个重点来处理，而不是当作可有可无的东西，这指的不仅是情节的推动，还包括展开的方式。如果你已经做好了角色动作表，真正理解了不同角色之间互相冲突的利益和视角，那么你掌握的信息，就应该足以把剧本中的任何一个场景写得有起有伏，引人入胜。

基本要素

  我们假设你已经对剧作技巧有了一个基本的理解。这并不是一个很难达到的门槛，只要读一些相关的编剧书（比如悉德·菲尔德的《电影剧本写作基础》）就能做到。此外，纯粹靠读剧本也能做到，我们就是这么干的。我们没有上过培训班，也没读过编剧书。我们只是读剧本，很多剧本。好剧本，烂剧本，已经拍出来的剧本，完全没机会拍出来的剧本（或者说是我们认为没机会拍出来的剧本）。它们都是三幕式结构，都可以被分成场景信息（slugline）、动作和对白这几个部分，你的剧本也应该是这样。如果你对于剧作技巧这方面不是很熟悉，我们建议你上网去找找被你当作范例的那些电影剧本，或者其他你熟悉的电影剧本。网上有几千部免费剧本可以供你学习，只要确保你选的例子在它们各自的类型里都符合行业标准模式就行了。或者你也可以去"编剧商店"[1]这样的网站看看，这里不仅销售编剧书，还提供免费的在线资源，帮助你学习基础的剧作技巧。接下来要学习的就是如何为剧本创造驱动力，以及如何让读者保持兴趣。

首先，你得认识到写剧本的本质就是创造和捕捉情节从头到尾的发展。别忘了，你写的是一部电影（motion picture，直译为"活动影像"）。你写的每一个字，从开头的场景信息到最后的淡出（如果你会用淡出这种方法的话，虽然我们通常是不用的），都应该服务于情节的向前推进。这意味着，在建立剧本中的世界时，应该按照从概括到具体的顺序来描述，先交代场景信息，接着描写角色和动作，最后是角色的对白。

场景信息

你的剧本和每个场景，都要从交代场景信息开始。在合适的情况下，如果你真的想要建立或揭示一些东西，那么用一个外景作为剧本的开场往往是最好的。而从这个外景转到内景的过程，不仅能提供空间背景，还能制造运动感。用内景作为电影的开场会带来幽闭恐惧症的感觉。但如果你的目的就是营造这种感觉，那就大胆上吧。如果你写的是恐怖片，从头到尾都在一座房子里拍摄，那当然可

---

[1] 网址：https://www.writersstore.com/how-to-write-a-screenplay-a-guide-to-scriptwriting。

以把开场放在衣柜里。但如果你写的是西部片,想要捕捉那种广阔无垠的感觉,那最好别把开场放在酒吧里。一部关于绿湾包装工队[1]的电影可以这样开场:

外景,朗博球场——日

场景信息里有三个元素,就像这样。内景或外景、地点,以及时间。在电影制作中只有两种时间:日和夜。拍摄时就是这么来安排的。如果你愿意,也可以写得更具体,比如深夜、清晨、傍晚,这样能让读者的理解更准确。但是你要知道,当助理导演把你的电影写到拍摄日程表上之后,就只分日景和夜景。"清晨"时发生在主角家厨房里的场景,不一定要在清晨拍摄。但我们不要本末倒置,现阶段你写剧本是给读者看的,不是给助理导演看,所以不管什么时间,只要能让我们更好地理解,就大胆地用吧。

现在来看更复杂的情况。如果你想给上面的地点再增加一项元素,可以把下一场戏放在更衣室里。你想继续在朗博球场展开故事,但又想把这场戏安排在朗博球场内部的一个具体地点。所以更衣室和更衣室所在的大楼,哪个应该在前?答案就在我们之前讲的指导原则里——从概括到具体。

---

[1] 绿湾包装工队(Green Bay Packers)是一支位于美国威斯康星州绿湾市的美式橄榄球球队,主场为朗博球场(Lambeau Field)。

内景，朗博球场，更衣室——日

你可能觉得场景信息里的"朗博球场"可以删掉，因为开场镜头里已经交代了体育场的位置，所以应该是这样：

内景，更衣室——日

但是，如果绿湾包装工队跟芝加哥熊队1打比赛怎么办？我们到底是在朗博球场的更衣室，还是军人球场的更衣室？不能用同样的场景信息来指代两个不同的位置。这样不仅读者会产生困惑，你的制作团队也会想杀了你。

角色描述

经验不足的编剧经常会落入这样的陷阱，就是对角色的描述过多，远远超过了需要的和应有的程度。请记住，角色描述通常是没法拍出来的，所以你在这儿写的东西，基本都不可能真的拍到电影里去。那么你为什么还要写呢？记住，不要去描写角色的外貌细节，除非这个细节会对故事产生影响。为什么？因为当你把一个角色描述为"胖子"时，最适合演他的演员可能偏偏骨瘦如柴。你描述一个角色是蓝眼睛，但最后可能是一个长着绿眼睛的演员更适合他。如果你写的是一部体育题材的电影，主角是一支篮球场上的弱队，那可

---

1 芝加哥熊队是位于美国芝加哥的一支橄榄球队，主场为军人球场（Soldier Field）。

能要涉及球员们的身高。至于眼睛和头发的颜色……就不必写了。他们皮肤的光滑程度？除非你的故事里需要他们去拍香皂广告，否则也不必了。角色的揭示是通过他们的动作和对于刺激的反应来完成的，不是通过你的描述。少即是多，这条原则几乎永远成立。当你的电影进入了筹备阶段，制作团队会把角色试镜片段发给各个演员经纪人。除了给出大概的年龄范围之外，这些试镜片段从不会涉及你的描述，而是基于这个人物在故事里扮演的角色，以及他们的性格和态度。

最后，按照本书的指导原则，检查一下你的角色，看看从演员的角度出发，应该怎样描述这些角色。演员是你的创作伙伴，他们能为你的角色注入生命，所以你要尽量尊重他们。不要觉得剧本里只有角色描述就够了，就能代替对角色的深层洞察。如果在你的剧本里，你形容一个女人时只会说她"火辣"，那么可能是你对这个人物的塑造还不到位。如果在你笔下，主角哥哥的形象仅仅是个"肥屌丝"，那么你不是在揭示这个角色，而是暴露了自己作为编剧，工作还没做到位。从角色出现在你剧本中的那一刻起，你就要尊重他们，还要充分理解角色描述的作用和它的局限性。

动作

读者的目光从场景信息转向动作，然后再转向对话。你不应该打断这个过程。动作很重要，一小段描述也可以很重要，但不要过度。要控制你自己，主要写那些能拍出来的描述。要简洁。所以不要写：

  他摸向后兜，拿出钱包，掏出一张5美元的钞票，交给了她。

  换成这样如何：

  他掏出钱包，递给她5美元。

  如果你无法决定什么该写，什么该舍弃，那就想象一下你正在向一位朋友描述这个场景。听起来会是什么样呢？剧本中的动作细节，不应该超过你给朋友讲故事时的描述。把重要的细节留下就行了，剩下的都舍弃。

  当然，不同类型的剧本，对于动作和描述的写法也不一样。迈克·米尔斯的《二十世纪女人》（*20th Century Women*）这样一部安静的剧情片，跟《神奇女侠》这样特效主导的超级英雄电影，二者的剧本是非常不同的。给朋友讲故事这个测试方法，在这里同样适用。《神奇女侠》的正邪较量里充满了高风险桥段，描述的基调（不管是在字面上还是在对话中）也反映出了这一点。而《二十世纪女人》讲的是三个不同年龄段的女性，一起面对"如何帮助一个男孩成长"这个问题。整部电影本质上是一段加长的对话，就像端着红酒坐在沙发上娓娓道来。你描述动作时的基调，应该跟整部电影的总体基调相吻合。但在任何情况下，都要把对角色的描述控制在必要的范围内。记住，你的读者随时都在找理由不往下读。不要给他们这个机会。要保持故事一直向前推进，并随之对角色作出更多的揭示。

  最后，作为编剧，你的工作已经够重要了，所以不要试图在剧本里替其他岗位做他们的工作。如果你不是导演或摄影师,就不要管镜头的事。虽然给角色和故事增加丰富性和质感非常重要,但能区分出什么是有意义的特征,什么是越俎代庖(干涉导演、艺术指导或服装设计,或配乐师的工作),也同样很重要。需要你写的,是那些会对角色和故事产生影响,并且有助于捕捉剧本基调的细节。但如果你在剧本里先把影片导演了一遍,指挥未来的创作伙伴们干这干那,那么等你需要把别人拉进这个项目里来的时候,就会遇到很大的困难。再次强调,要从他们的视角来看你的剧本。让他们用自己的才能和创意,给你的故事和角色注入生命,不要剥夺他们的这个机会。他们比你更了解他们自己的工作,让他们去发挥。保持动作之间紧密衔接,保持情节的推进。接着把读者的目光从动作拉到对白上,这样他们在不知不觉中就读完了你的剧本。任务完成!

对白

如果你之前一直在勤勤恳恳地做各项准备工作,现在应该都做完了,终于有机会去写包含对白的完整场景了,一定感觉很愉快吧。一页剧情简介、人物动作表、大纲或详情里的描述,都无法捕捉对白最终揭示的东西,那就是让角色的声音成为现实。如果你足够敏锐,并且能理解角色各自的视角,就肯定能写出充分反映角色态度和性格的优秀对白。你需要做的就是这些。但这意味着,你不能让角色们听起来都是同一个调调。你的故事发生在哪里,你的角色从事什么工作,这些都无所谓。但每个角色都应该有他自己的声音。你可能要花一些时间,甚至要改好几稿,才能找到一个角色的声音,这没关系。但如果所有的角色说话都是一个样,那你的剧本读起来就会很单调,很假。下面是一个测试:读一遍你写的场景,从一个人的对白直接到下一个人,但不要看说话人是谁。你能分辨出哪句话是哪个角色说的吗?如果不能,就说明你还有些工作要做。尼尔·西蒙[1]说过,绝对不要让两个角色可以互相交换台词。如果两个角色能用同样的方式说出同样的话,就说明他们在本质上是无法区分的。那为什么要把他们俩都写进你的电影里呢?你了解你的故事,也了解你的角色。你要想办法通过对白给每个人都赋予一种独特的声音。

另一个忠告:正如不能过度描写动作一样,你也不能过度描写对白。如果真的需要,隔一会儿就来一段对白也不是不行,但最好还是少一点,间隔长一点。我们曾经合作过一个制片人,她的秘诀是"一指原则"。如果一段对话看起来比较长,她就会伸出一根手指测量,超出一指范围之外的内容都会被砍掉。这吓坏了她的编剧(包括我们),因此,一定要尽量去写简洁而克制的对白。

对白的基调应该与影片整体保持一致。不管你写的是什么,加入幽默感总是件好事。一个具有幽默感的角色,几乎能让任何类型和情境受益。但如果过于恶搞,而你写的又不是一部恶搞喜剧(broad comedy),那就会让读者失去兴趣。"不要让读者失去兴趣"是让剧本胜券在握的首要原则。

我们俩13岁相识,从15岁起一直是最好的朋友。现在我们在一起时,还是会用小时候聊天的方式跟对方说话。有时候这个习惯也会出现在写作中,这成了一个问题,导致我们有时候分不清有趣和

---

[1] 尼尔·西蒙(Neil Simon),美国戏剧界最成功和最多产的剧作家之一。

荒唐。所以让你信任的人提前读一读你的剧本片段会很有帮助，也许仅仅是第一幕，这样能确保你做的准备工作得到了良好的执行。

你多半会希望你的对白能像其他元素一样，为剧本的推进而服务。这指的不仅是故事的推进和角色的揭示，还包括在读者心中所激发的热情。想一想，你跟朋友们在日常生活中会引用哪些电影里的名言？这些句子抓住了一种别人捕捉不到的感觉或情境。你的目标是写出让人觉得真实的对白，也就是要比我们日常的对话更聪明一点点、更搞笑一点点，或更深刻一点点。但不要聪明得太多，否则会让人觉得太假、太做作，要聪明得恰到好处，这样才能让观众走出电影院时，觉得你写的东西抓住了他们的感受，而且比他们自己说得更好。

最后，告诉你一个小窍门：不要让你的角色很快就表露出他们的想法或感受。在生活中，我们很少会老老实实地对别人说真心话，尤其不会在一段对话或对峙的开头。因为如果一上来就过于直白，就没有太多空间能营造戏剧感了。所以在一场戏的开头，应该让你的角色谨慎一些。他可能是为了保护某种东西，也可能是缺乏自我认知，或者只是不知道该怎样面对眼前的障碍。随着场景的发展，自然会走向一次对抗，在对抗中爆发一次核心冲突，并揭示某种关键的真相。这时，你就可以让某个角色用一种自知而坦诚的方式来自我表达，这种表达会非常有力量。比如《大审判》（*The Verdict*）[1]旦高潮部分的那场法庭戏。

保罗·纽曼用精湛的演技塑造了律师弗兰克·高尔文这个角色，他代理的是一位正处于植物人状态的女性的家属。高尔文认

---

[1] 由编剧大卫·马梅根据巴里·瑞德的小说改编。

为，造成这种结果的原因是，医生在手术前给她用错了麻醉剂。高尔文就要输掉官司了，法官从一开始就在针对他。他请来了最后一位证人——一个名叫凯特琳·普莱斯的护士。普莱斯做证说，当年迫于被告方（业内最有声望的医生之一）的压力，她在手术后把批准单上病人的最后进食时间从1小时改成了9小时。凯特琳·普莱斯的证词像炸弹一样在法庭里炸开，而她保存的批准单副本就是确凿的证据。高尔文似乎仅仅通过这一个证人就扭转了局面，有机会打赢这场官司。虽然辩方律师依然找到了一些法律上的操作空间，但对整个故事和主角来说，这个场景到这里就算是结束了。然而接下来，编剧马梅又加上了精彩的一笔，让这场戏和整部电影的情感冲击力更加强烈。辩方律师严厉质问凯特琳·普莱斯，她在那家医院里作为护士参与了几千次手术，为什么偏偏要把那次手术的批准单副本保存四年。这让普莱斯回想起了她在手术那天受到的威胁，显然，从那天起她就决定永远离开护士这个行业了，她的愤怒爆发了出来："那些人是谁？我想当护士……"

"我想当护士。"这是本片里最令人难忘也最有力量的台词之一。这场戏的任务已经完成了，但凯特琳·普莱瑟还有话要说。她想当护士，但那些掌握权力的男人为了保护他们自己，剥夺了她的机会。凯特琳·普莱瑟在片中只有寥寥几场戏，但那句坦诚、振聋发聩而又充满痛苦的台词，带来了巨大的冲击力。

有时候，一场戏的任务结束，完成了既定的目标之后，你还有更多的话想说，一些真实而又发人深省的话，从最私人、最由衷的角度出发，给你的场景画上一个惊叹号。如果你能挑战自己，达到这样的真情实感，那么就能给你的观众和读者带来惊喜，甚至给你自己带来惊喜。还能诱惑读者继续读下去，看看还能不能在你的剧本里发现其他意料之外的乐趣。

转场和衔接

在某种程度上，编剧在剧本里从一场戏转到下一场戏，就如同音乐家在音乐会上从一首曲子转到下一首曲子。杰出和成熟的音乐家不会随随便便想一些曲子，就凑成一个曲目单，而是会仔细挑选最合适的曲子放进曲目单里，在演出中创造驱动力。你要做的也是创造驱动力，也就是悬疑感、戏剧张力、喜剧张力或紧迫感。如果你要切到的下一个场景，里面没有向前推进的动作，那你可能就得把它砍掉了，或者你只是还没找到最好的转场方式。现在不是自满的时候。如果连续的场景之间没有自然的衔接，就等于是在鼓励读者合上剧本，说："我失去兴趣了。"前一个场景的结尾如何引导你走向下一个场景？这里的情节有推进吗？如果没有，请花时间再想一想。不要只是机械地跟着大纲走。读者从你的剧本和每一场戏里都能看出你对他们投入的热情。从头到尾，每一场戏和每一次转场，都要用高标准要求自己。读者一路看完你的剧本，你要给他们奖励，反过来，你自己也会得到回报。

这是一场马拉松，不是短跑

1993年，我们正在写《饕餮之人》，中午吃赛百味的三明治，晚上吃盒装的奶酪通心粉。我们合租的公寓位于洛杉矶南卡塞的斯特恩斯大街，那里就像一个编剧工厂，几乎24小时运转，每天只有5小时不工作，用来看黄金时段[1]和夜间的电视节目。戴蒙德习惯早起，韦斯曼是夜猫子。所以我们整个下午都在一起工作，研究每一个细节。接着，看完《大卫·莱特曼秀》之后，韦斯曼会开始写作，然后把写完的一摞稿纸放在戴蒙德的房间门外，早上戴蒙德起床后，会接着韦斯曼的草稿继续写，在中午之前写完，然后两人继续一起工作。整个流程会一遍一遍地重复，直到我们写完一稿。你应该能想象到，用这种节奏，我们写完一稿剧本花不了多少时间。那些年打拼的时光，对我们来说就像但丁笔下的九层地狱，但现在我们已经能够带着欢乐和惆怅回顾那段往事了。下面是我们当时写的一些剧本：《麦克和茉莉》（Mike and Morley）、《最终方案》（The Final Solution）、《家庭规则》（House Rules）、《不老泉》（Fountain of Youth）、《我的城市》（My Town）、《左倾分子》（Pinkos）、《维生素女孩》（Vitamin Girl）、《饕餮之人》。

　　知道这些剧本有什么共同之处吗？一个也没卖掉！

　　一个剧本接着一个剧本，写完一个接着写下一个，从早到晚都在打字，用我们短胖的手指，在苹果二代电脑的键盘上，尽可能快速地敲击着，而这给我们带来了什么呢？最终，它给我们带来了一个代理人，他让我们慢了下来，开始更多地思考，更少地打字。就在那时，我们卖出了第一个提案。

　　当你检查了自己的创意，计划好了每一个细节之后，自然就会

---

[1] 黄金时段（prime time），指一天中电视节目收视率最高、最宝贵的一段时间。电视台通常把最优质的节目安排在这一时段播出。

想一蹴而就，把它写完，这样就能开启你的事业，尽情享受成功生活的第一天了，代理人们给这一天起了个代号，叫"这个剧本我要卖100万"[1]或"我能看出这个剧本能投拍"[2]。尽量还是克制一下这种冲动吧。就像黛安娜·罗斯和菲尔·柯林斯那句著名的歌词唱的："这事急不来的，你得耐心等待……"有一句古老的谚语适用于编剧这一行，可能也适用于其他所有行业，那就是"欲速则不达"。你卖掉的第一个剧本会很便宜，便宜得跟白送差不多。但它的质量要很好，必须好。不要太担心速度，写得好最重要。急躁是你的敌人。别忘了在每一场戏之前暂停一下，想想怎么能让它出彩，让它与众不同、出人意料、引人入胜、令人捧腹、真实可信、惊悚可怕、鼓舞人心……大部分像我们这样，专门搬到洛杉矶来追寻编剧梦的人，都急着想在成为专业编剧之前就实现这些目标。但你得明白，如果不够小心的话，这样急功近利可能会导致剧本质量的下降。这是一种很难保持的平衡，但在目前这个阶段，在你终于准备动笔写剧本的时候，你要尽量让自己在卢克·天行者（急切地想要有所成就）和尤达大师（智慧而耐心的老师）之间保持平衡。在渴望成功的同时，别忘了另一种从一开始就激励着你的欲望——让读者和观众爱上你的电影。写剧本需要时间，所以应该按部就班地来，虽然这很难，但这样做更有可能给你带来收获。

有一个方法能帮助你避免埋头瞎写，那就是每天工作时，先看看你前一天写的东西，甚至是把已经写好的草稿从头读一遍。

---

1 这种事现在没有了。——作者注
2 这种还有。——作者注

但如果这样做会打乱你的计划,把你卡在一个兔子洞里,让你无法前进,那么当然还是继续往前写比较好,等全部写完之后再回头来看。不过重读写好的草稿,可以帮助你平缓地进入一天的写作,让你在故事中保持清醒。还能帮助你不断寻找事半功倍的方法,来提升你的剧本。你的初稿依然会是粗糙的一稿,但如果你每天都能先读一遍之前写的内容,做一些适当的修改,那就能写出一个更清晰、更细致的初稿,更接近你的目标,并获得相应的成就感。

这就行了。你有一个激动人心的创意,有迷人而有趣的角色,他们都有自己的声音,对于影片的核心主题都有自己的见解,你还有一个稳扎稳打的大纲可以参考。你知道剧本里的每一种技巧有什么功能,能对故事的呈现起到什么作用。而且你已经理清了头绪。祝贺你,朋友,你已经正式做好战斗的准备了。终于到了动笔的时候了!

还差一点……

最后一件事……

你即将开始一段漫长的旅程。从头到尾写完一个剧本,是对耐力的真正考验。有些场景写起来感觉很好,另一些则像是做苦力,太难了,似乎不可能完成。首先,不要担心,因为初稿后面还有很多很多稿。如果你足够幸运,拿到了继续修改的钱,那么后面要改多少稿可能数都数不清。所以不需要追求完美,我们向你保证,初稿绝对不可能完美。写一些临时性的场景也没关系,只要最后交上去的剧本里没有临时场景就行了。你还有更多时间可以进行思考。

有些东西只有在通读完整剧本的时候，才能彻底发现和想明白。这些都是剧作的一部分。海明威有句名言："写作的唯一方法就是修改。"在后面的修改中，你还有很多机会去搞定你的剧本。在提交给制片人、代理人或经纪人之前，把每一场戏，甚至每一行字都改成你想要的样子。

  总之，你要为前方的挑战做好准备。不同的人有不同的办法。有些人上战场前要先拖延三天，上网玩纸牌游戏或数独。还有些人会去约书亚树国家公园旅行一趟，或者制订一套新的生活计划，又或者编一个写作时的背景音乐歌单。不管什么，只要能帮你去除杂念，帮你增强战斗力，就值得去做，而且你做这些事的时候不必有罪恶感。一两天时间就行，或者三天。接下来，就要让你的创意和前期工作接受考验了，准备动笔吧。没错，就是现在。兴奋起来——你正要完成一件你渴望已久的事：写一个剧本。不，不是剧本……是一部电影！

成功的秘诀——修改

假设你要买一辆车，不求款式时髦，只要安全可靠，能带着你到处跑就行了。但如果通用汽车的销售人员找上你，给你开了一个很优惠的价格，向你推荐的是一台还未上市的全新型号靓车，它还未经过测试。它的原型是由一支厉害的团队设计出来的，并在一条专业的生产线上装配完成。但它没有经过任何的道路测试或安全检查。他们也不知道安全带或刹车好不好用。那么你会买吗？

这就是你的初稿，一个刚从生产线上下来的全新原型。它经过了仔细而精巧的设计和构建，在105页或130页的规格中呈现出来。但正常人都不会买的。有时候会难以相信，经过了这么仔细的计划和准备，以及一丝不苟的执行，最后出来的剧本却还是不行，但你必须接受现实。初稿里也许有很多你爱不释手的东西，尽管如此，它也只是初稿。一般来说，初稿都很烂。如果你不相信我们，就找个你信任的人（朋友或家人）读一读你的初稿，但千万别找业内人！你会收到完全意想不到，也并不想要的反馈。不要误以为写完的草稿就等于完整剧本，就可以提交了。写作就是修改。如果你真的在意你的剧本，在意根据它拍出来的电影，就要像学习前面几章的时候一样，认真而勤恳地对待下面这个步骤，也就是这一章的标题。卖掉剧本和拍成电影的秘诀就在于修改。让我们开始吧。

兑现你的承诺……还有你的前提

修改的目标，是为了把剧本交给读者时，你能自信地说："这就是我想写的剧本。这就是我想做的东西。"要做到这一点，需要经过几个步骤。第一步只涉及你自己，你必须带着下面几个基本的问题去读你的草稿：

- 我有没有把剧本概念的潜力发挥出来？有没有对冲突及其带来的风险进行充分的利用？
- 这个剧本有没有成功地证明我提出的论点和主题？
- 角色的塑造是否到位？每个角色都在故事中发挥了作用吗？他们从开头到结尾的发展脉络是否清晰？他们真的有发展吗？
- 故事中的转折和升级有没有按照我的计划，以其应有的方式发挥作用？
- 我有没有达到这种电影类型应有的预期？我有没有给这种预期带来某种颠覆，让我的剧本显得新颖而别致？

这些问题（你还可以继续增加）把我们带回了第一章，也就是电影创意的核心——角色、概念、背景。你的剧本里有没有把电影创意说清楚？你有没有在执行过程中，在第二幕、第三幕的动作发展和角色发展中，对创意进行充分的利用？

修改时，要从大的问题和概念开始，再到每一稿里的小问题，还是按照从概括到具体的顺序。你现在努力的目标，是希望终有一天能把剧本交给一个朋友，告诉他："我已经做了我能做的一切，现在我需要一个旁观者的看法。"所以，除非你真的已经尽了所有努力去实现你的创意，否则绝对不要提前把剧本拿给别人看。毫无疑问，一个剧本永远有更好笑、更可怕、更感人或更悬疑的空间。如果你写的是喜剧片，就会强调搞笑。如果你写的是恐怖片，就会强调吓人。但如果读者根本搞不懂你这部电影讲的是什么、为什么要在结构或角色方面做这样那样的选择时，那无论你怎么改都没用。所以要从大的概念开始。看看你给剧本整体和每一幕、每一场戏所设置的目标，你的故事和角色是否都达到了？把这些都记录下来。等你检查完整个剧本，应该已经写好一个很长的任务清单了。有些改动可能会比较大，有些则可能非常小。动手开始改吧，你还要继续这样改很多次。如果你关心这个剧本最后拍出来的样子，就会在一稿又一稿的修改过程中，越来越接近你的创作目标。你的任务清单会越来越短，修改所花费的时间也会越来越少。让你的创意成为你的北极星。每一稿的修改都是为了用最清晰、最聪明、最有力的方式来实现那个创意。让这颗北极星在修改过程中指引你，直到你可以带着一种成就感和满足感抬起双手，就好像在说："我已经尽力了。"

完善人物塑造

　　现在，还有更多事要做。还记得你的人物动作表吗？是时候回到角色身上了，从每个角色的视角，把每一场戏都审视一遍。你把每个角色的视角都表现出来了吗？如果没有，现在就是你的机会，把这场戏放大，增强压力和张力，提升喜剧效果。写初稿时，只专注于主角和主线故事是很正常的。初稿往往是让球滚起来，让故事向前发展，一直到达终点线。抓住这个机会，像体育教练观看比赛回放那样修改你的剧本。看看每个球员在每场比赛里都在干什么。每个人都在自己该在的位置上吗？在干自己该干的事吗？如果不是，那你就应该趁此机会换一种方式，重新再写一稿，达到更好的效果。

　　乔丹·贝尔把我们的第一个成交剧本推向市场之前，要求我们再写最后一稿，强调喜剧效果和角色。他让我们特别注意一些次要角色，因为这些人的视角和声音没有主角那样清晰。我们决定在大脑中给每个人物选角，用选角的思路来指引这最后一稿，同时给剧本增添额外的生命力。从这次修改中受益最多的角色，应该是托马斯太太，她是我们12岁的天才主角（杰克·罗斯）的校长。懒虫杰克是她的眼中钉。发现杰克变成了天才之后，她依然充满怀疑。然而，当杰克在她的办公室里高分通过了一系列测试，证明了自己的能力后，就成了她的爱徒。她希望杰克在一年一度的中学生"学院杯"中获得冠军，从而让学校重现昔日的荣光。我们的初稿主要聚焦在杰克和他的傻朋友（弗莱德和"上校"）身上，对托马斯夫人着墨不多。但托马斯夫人在影片中也有自己的弧光。她对杰克，对教育事业都有自己的看法。她有希望，有梦想，不只是为了她自己，也是为了整个学校。在故事开头,她把杰克当作敌人(他的确是),但不久之后,她就把他当成盟友了。当魔法能力不可避免地开始衰退时,杰克害怕她会失望。所以我们把目光投向了莉莉·汤姆林[1],把她作为托马斯太太的原型。然后我们写出的这一稿,不仅优化了她这个角色,还通过赋予她一种更丰满、更有辨识度的声音,提升了整个剧本的水平。乔丹读了这一稿之后,就知道是时候出去推销这个剧本了。距离写完《神童》差不多已经过去了25年,我们没有再写过其他叫作托马斯太太的角色,但我们依然会给每一个项目做"托马斯太太式修改",针对比较次要的角色,确保每个人物都有他自己独特的视角和声音。

删减:节奏和页数

接下来你要关注的是节奏。如果你的草稿是93页,那就没有太多删减的空间了。对读者来说,从剧本堆里拿出一份90多页的草稿,就像呼吸到了一口新鲜空气。但如果你这93页里都是冗长的过度描写,那也骗不了别人。节奏其实比页数更重要。一个128页,节奏平稳,但又扣人心弦的剧本,好过一个只有98页却毫无发展的剧本。长的那个读起来甚至可能还更快。删减的作用不只是减少页数,虽然这一点也很重要,但删减主要是为了确保你的场景既完成了自身任务,又不拖泥带水。大部分初稿里都有这样一些场景,不该开始的时候老早就开始,该结束的时候迟迟不结束。如果一场戏的开头是角色互相打招

---

[1] 莉莉·汤姆林(Lily Tomlin),美国老牌女演员。

呼:"嘿,你好吗?""我很好,你呢?"实际什么事也没发生,那这一段互动就应该砍掉。"再见。""好的……下次见。"这种也一样。除非一个角色要在另一个角色背后放冷枪,否则对观众来说,这个场景在角色互相告别之前就已经结束了。这些头尾部分的互动永远不可能出现电影里。只有当场景里引入了一个明确的目标,并且得到支持或受到阻碍时,这个场景才算真正开始。记住,电影是"活动影像"……你要保证情节持续不断地在推进。尽量给场景掐头去尾,然后你会发现,不仅页数减少了,读起来也感觉快多了,因为你加快了动作的节奏。有些场景可能要整个砍掉。检查全稿的时候要注意,看看每一个场景是否都有明确的目的,它对故事来说是不是必需的组成部分。如果一个场景存在的理由,仅仅是因为大纲里有它,但它对角色或故事并无推进作用,那这场戏要么需要重写,要么就直接砍掉。也许这场戏里有一句非常棒的台词。抱歉,一句精彩的台词并不能挽救一个不必要的场景。实际上,如果这个场景是不必要的,那这句台词可能也没你想象中那么好。最好的对白往往是对于一次挑战的回应,不论是《捉鬼敢死队》里的"他朝我吐黏液",还是《教父》里的"我会开出一个让他无法拒绝的条件",如果一句台词毫无目标,或缺乏戏剧张力或喜剧张力,就会显得平淡。人们常说,不要害怕"杀死汝爱"。只要你所做的事在宏观上是服务于故事和剧本的,就会让你获得长远的收益。

我们在给彼得·西格尔[1]导演修改《关岛登月》时,他说草稿有

---

1 彼得·西格尔(Peter Segal),执导的作品有《乌龙兄弟》《初恋50次》《糊涂侦探》等。

点长，如果拿这个长度的剧本提交给电影公司，他会很担心。但他同时觉得这个剧本挺好的，并不想砍掉任何内容，任何动作，任何对白。他当时想拍这部电影（噢，彼得……我们也想！），只是希望能……更短一点。所以我们告诉他："没问题，我们可以砍掉五页，同时不损失任何动作或对白。"彼得表示怀疑。他的确有充分的理由怀疑。我们跟彼得开了很多次剧本会，他几乎每次都带着他的剪辑师比尔·科尔。我们从来没听说过，也没经历过这种做法。但彼得认为，让剪辑师在场可以帮助我们，避免把成片里用不到的东西写进剧本。这部影片实际上在拍摄之前就已经完成剪辑了。还剩下什么东西可剪吗？

我们有个秘密，一个并不令人感到自豪的秘密，就是我们有过度描写的倾向，总是唠唠叨叨，翻来覆去地说，一句话就能说完的事非要用三句话说。看到了吧？我们知道可以从动作段落和描述段落开始删减，也许某些对白段落也行，没人会注意到的。接下来就是算术题了。如果每一页删掉一行字，那110页的剧本就能删掉两页。我们只花了几小时，就轻轻松松地把《关岛登月》平均每一页删掉了两三行，但没有砍掉任何动作或任何笑话，一共删掉了五页。我们真的做到了。彼得十分震惊，他拿着砍完的剧本，完全看不出我们到底删了哪里。他把这个剧本提交给电影公司，几周后我们就开始给这部影片寻找拍摄地点和演员了。

写作要简洁。如果你也像我们一样，不习惯这么做，那就在删减时修改每一行字。尽量用最高效的方式去修剪过度描写的句子和语言，但不要损失力度。

当你改完了情节、角色、动作、主题和对白，并且减少了页数，调整好了节奏之后，你就可以坦然地拿着你的剧本说："我尽力了……目前是。"别忘了，你提交给业内人的这份草稿，可能是反映你个人眼光的最后一个版本。一旦提交，你就向其他厨师敞开了你的厨房门。这是不是一件好事，取决于那些厨师是谁。制片人和高管们提供的正确意见能帮助你完善你的剧本，而错误的意见则会导致你误入歧途。所以把握这个时刻吧，现在你的草稿还是属于你的，你一个人的。从第1页到第100页，它完完全全是你想写的电影吗？如果不是，就回炉重造，可以让你信任的朋友提提意见，作为参考。如果是，那恭喜你，你一直等待的时刻来临了——终于可以点击"发送"键啦！等着那些贵人给你回信吧。

万无一失地提交

你有没有看过《飞越迷城》（*Ishtar*）？如果没有的话，赶紧去看一下，至少看完前半小时。这是20世纪80年代（这10年里诞生了太多优秀的喜剧）缺点最明显，但也最出色的喜剧之一。沃伦·比蒂和达斯汀·霍夫曼分别在片中饰演莱尔·罗杰斯和"鹰仔"查克·克拉克，他们是一个双人歌唱组合，自信和野心远超才华。有一个令人印象深刻的场景，是他们一起站在一张西蒙和加芬克尔[1]的海报前，哀叹他们跟西蒙和加芬克尔之间唯一的区别就是，西蒙和加芬克尔有经纪人，而莱尔和鹰仔没有，至少鹰仔自己觉得是这样。从别人口中听到这样狂妄的言论是件很好笑的事，但在追寻编剧梦的路上，我们都是想成为西蒙和加芬克尔的莱尔和鹰仔。

我们大多数人都觉得，在真正要用到剧本中介之前，就应该提

1　西蒙和加芬克尔（Simon & Garfunkel），著名双人歌唱组合，代表作有《寂静之声》《史卡保罗市集》。

前先找一个。这种想法来自一种对好莱坞的虚假想象,在这种想象里,一个心怀抱负的编剧写完他的第一个剧本后,马上就被一个代理人签了,签了之后就把他的剧本卖给了电影公司。几个月之后,这个剧本就被某个大导演拍出来了。当然,我们都知道好莱坞其实不是这样运作的,大多数编剧都要苦苦挣扎很多年,才能找到剧本中介,而且工作机会也不多,甚至完全没有。我们撑过了这个阶段,就像莱尔和鹰仔一样。因为我们相信,我们是不受规则限制的例外——有些编剧的确是这样。虽然受到了一些否定,但依然保持勇气、决心和自信,这是很健康,很有必要的,只要别自欺欺人(就像《飞越迷城》里那俩一样),别忘了保持谦虚,要不断从失败和失望中学习。如何才能知道,是时候找个代理人或经纪人了?而且怎么才能找到?

相反,经纪人,尤其是代理人的厉害和神奇之处在于,总能有办法在编剧真正需要他们的时候找上门来,也就是当编剧手里有一部能卖的剧本的时候。到了这时,你就能莫名其妙、糊里糊涂地得到一个剧本中介了。背后的原因并不神秘,它把我们带回了本书的核心论点上。代理人和经纪人,就像制片人和电影公司高管一样,他们读剧本时脑子里始终带着这个问题:它能带给我什么?如果这个剧本他们卖不掉,或者无法通过这个剧本把你这个编剧推销出去,那他们就不会跟你废太多话。如果这看起来太粗鲁,太唯利是图,我们可以换一种不那么愤世嫉俗、更加宽容的视角来看待同样的事实,最后得出的结果还是一样的。如果代理人或经纪人觉得你交给他们的剧本卖不掉,可能会说:"我很愿意帮助你,但这个剧本我无能为力。"就像我们当年写《饕餮之人》时,乔丹·贝尔曾对我们说的那样。经纪人比代理人更愿意跟有前途的编剧合作，至少职位描述是这么写的。而代理人的主要工作是洽谈合约，或者用《窈窕淑男》里的代理人乔治·菲尔茨（西德尼·波拉克 饰）的话说："保障利益。"事实上，大多数能帮你卖掉剧本，能确保你获利的代理人，对那些手里只有"写作样本"的编剧不感兴趣。他们感兴趣的是那些手里有一部能卖的剧本，能够跨进主流市场的编剧。

所以，对于你刚刚写完的这个剧本，你需要回答的第一个问题就是：它行吗？你自己当然觉得行，但你的观点在这里并不可靠。你需要好莱坞专业人士的肯定。这就引出了很多编剧都很好奇的那个问题，他们对这个问题的关心程度甚至超过了怎样提高自己的编剧水平，那就是：怎么才能进入这一行？怎么才能让业内人看到我的剧本？

突破壁垒，进入行业

第一章里讲了我们当年把《饕餮之人》提交给20个代理人的事。我们是怎么做到的？我们怎么认识，怎么找到20个愿意读我们剧本的代理人？这是个很重要的问题，因为不管这是你的第1个剧本还是第20个，只要你坚持得够久，并且不断地学习，就有希望让行业内的人看到你的剧本。

编剧可以采用一些办法，让业内人读到自己的剧本。第一种，也是最重要的一种方法，就是搬到洛杉矶来（如果你还住在外地的话），在影视行业找一份工作。这份工作可以是制作领域的，可以是经纪公司的收发员，可以是制作公司的助理，或者当一个兼职的剧本审读人。任何岗位都可以，只要能让你跟业内的人建立起关系就行。不联系，就无法建立人脉。人际关系是一切的关键。想要发展人际关系，你必须认真负责、思虑周全、值得信赖、讨人喜欢、工作勤奋，即使对成为编剧这个终极目标来说，这份工作似乎没有什么帮助。如果你能把一份入门级的工作干好，跟你合作的人或你的上级就会注意到你，他们会希望你获得成功，等到有机会时，他们就会愿意帮助你。这可能意味着帮你看剧本，或者帮你把剧本递给某个更合适的人去看。这些人不仅是"联系人"或"人脉"，他们也不该被这样看待或称呼。他们其实是你通过工作和工作态度，建立起的人际关系。人脉有时可以帮你引荐，但没有人仅仅会因为你认识某某某而雇用你，或代理你。他们只会因为你的作品质量而雇用你或代理你。搬到洛杉矶能给你提供这样的工作机会，让你在最合适的位置上追寻梦想。如果你是认真地想把编剧作为事业，就应该花一些时间在洛杉矶生活和培养自己。一个编剧是否成功，不在于你认识什么人，而在于你的能力。

　　虽说搬到洛杉矶来找一份工作，通常是让别人看到你的剧本的最佳方法，但不是唯一的方法，尤其是在现在这个联系紧密的世界里。比如剧本比赛这种形式，虽然大部分都不在洛杉矶举办，但其中一些也获得了不少关注。例如学院尼科尔奖学金[1]，就给很多入围决赛和获得冠军的编剧，带来了生活上的巨大改变。一些著名的电影节也会举办剧本比赛。它们的决赛入围者和获胜者还可能吸引好莱坞的目光。而没什么名气的地方性比赛，虽然可能会提供奖金或其他

1　网址：https://www.oscars.org/nicholl。

补贴，但如果跟好莱坞搭不上边的话，那就不太可能帮助你实现目标。你也许可以在简历上增加一条：曾在本地的剧本比赛中获得冠军。但作为编剧，履历的重点应该是你写过什么剧本，在好莱坞，没有人会因为你在某个不起眼的比赛上得了奖，就去读你的剧本。

如果你不住在洛杉矶，也不打算搬过来，那你就应该研究研究那些最重要、最著名的比赛，并且参加。你还可以把你的剧本上传到一个叫"黑名单"[1]的网站上，这个网站致力于让业内人注意到未投入制作，并且往往也是未被代理的剧本。记住，虽然剧本比赛和网站有时候能带来曝光度，甚至偶尔还能带来成功，但这只是特殊情况，不是普遍规则。而且你入围比赛或提交剧本，对你与业内人的关系毫无推动作用。但如果你写了一个让人拍案叫绝的剧本，那的确有可能通过上传到网站，而在内布拉斯加州的奥马哈获得成功。你还会进入一个非常非常小的圈子，里面的人都是不用搬到洛杉矶，就能获得成功的编剧。

另一个提示：参加剧本比赛和把剧本上传到网站，通常都要收费。这不一定是件坏事。接收剧本的组织或公司，需要雇用审读人对剧本进行评估，这笔钱总得有人出。但写剧本其实是一份低开销的工作。在你必须经历的挣扎阶段，这是为数不多的积极因素之一，至少不会让你花太多钱。如果"黑名单"这样的网站能提供一个专业的审读人，客观地读一下你的剧本，会给你带来非常大的帮助和启发。但如果花这笔钱会让你陷入债务，那就没必要了。通常，更好的办法是融入一个集体，这个集体由一些心怀抱负的电影人和一些从

---

[1] 网址：https://blcklst.com。

业者组成。这个集体里的人可以帮你看剧本，提供反馈，还能在合适的时机把你的剧本再推荐给其他人。

正如在第一章里讨论过的，对刚起步的编剧来说，被业内主流人士"剽窃"作品这种事不太可能发生。好莱坞的工作环境也许不是最文雅、最绅士的，但这是一个名声决定一切的行业。代理人和经纪人想找的是可靠而高效的制片人和高管。如果大家都知道一个人拿了不属于他的创意或钱财，那他在这行就混不下去了。我们之前也说过，保护自己和保护自己的创意是很重要的，所以一定要先在美国编剧协会（WGA）注册你的剧本，然后再把它提交给业内人、剧本网站或剧本比赛。只要象征性地花一点点钱，就能在WGA的网站上完成注册。要知道，可能已经有人想出跟你类似的创意了，还可能某一天突然出现在电视上或电影院里。这种事我们就遇到过。这并不一定意味着有人偷了你的创意，毕竟有很多具有创造力的人在这个行业里工作，或者试图进入这个行业工作。用最有辨识度的方式，把你最好的创意写出来。要自信而勇敢地分享你的作品，同时也要头脑清醒，通过WGA来保护它。

我们当年之所以能把《饕餮之人》提交给20个来自不同级别、不同规模的剧本中介公司的代理人，是因为在卖出第一个提案之前的那五年里，我们之中的一个人在给各个电影公司、制片公司和签约演员当剧本审读人。在那五年里读了各种水平的剧本，给出的审读意见也引起了制片人和高管们的注意。我们先把自己的剧本拿去给朋友看。迈过这一步之后，又挑选了一位制片人和一位高管，请他们帮我们看。他们都没有拒绝，因为他们了解我们，知道我们想做什么。我们坚定地对待写作，对待这项有时候会榨干你的灵魂，需要一遍遍重复的工作。他们看到了这一点，所以他们支持我们。我们最终拿出的作品让他们觉得有价值、有前途，于是他们就把它推荐给了自己熟悉的代理人。事情就是这样运作的，不是靠人脉，也不是靠竞争，而是靠人际关系。所以现在就着手建立你的人际关系，等你写出一部真正胜券在握的剧本时，就可以拿给这些人看了，就像我们所做的一样。

他们喜欢这个剧本，接下来该做什么

是时候了。你已经写完了剧本，也让一些朋友看了，他们跟你一样充满信心和热情。你还想办法找了一些业内人帮你看。如果你真的很幸运，也够聪明，也许就能一击即中，在正确的时间，把正确的创意，用正确的方式呈现出来。如果是这样，那么恭喜你，你已经结束战斗，可以一边休息，一边等着机会找上门了。但更可能出现的情况是，你的读者或潜在的买家会给你一些反馈，而且即使你很早就卖掉了剧本，这种情况依然可能发生。他们会给你写一份审读意见，而你如何针对这些意见做出修改，将决定很多东西，不只是这个剧本的命运。知道怎样处理和应对剧本的审读意见，这对一个出色的剧本和一份稳固的事业来说，都是非常关键的。

审读意见这种东西之所以名声不太好，是因为它往往（如果只看表面的话）非常可怕。它的措辞可能会很无情，可能会反映出一种对于剧本的全然误解，还可能提出一些你觉得很傻的建议。糟糕的审读意见，或者写得很糟糕的审读意见，很容易让人对它置之不理，但置之不理可能会是一个严重的错误。就算读者的印象和观点并没有经过深思熟虑，或者写得不好，也能提供有价值的信息。窍门就是，不要只看表面，要非常认真地对待它所提供的信息。当你拿到一份审读意见时，即使很糟糕，那也是读者正在剧本中的某个位置向你挥舞旗子，告诉你他觉得这个地方不太行。你让他失去兴趣了，至少失去了一部分。读者就是要在你自认为已经十拿九稳的剧本里找漏洞。审读意见几乎完全是主观的，你也可以针对其中的具体细节进行争辩（虽然你不该这么做），但这种情况是无法争辩的："我觉得你的剧本不行，它无法让我相信这个创意适合拍成电影。"如果你得到的反馈只有"我不喜欢"，那就没什么办法了。但如果有人告诉你，或者你能从他的话里推断出，你写的东西和呈现的方式无法说服他，那么你就得搞清楚，他是在哪个地方失去兴趣的，以及为什么会失去兴趣。

尽量多找几个人帮你看剧本，这样你就不会过于依赖某一个人的看法。如果大家的意见比较一致，会对你很有帮助。但如果有三个人都告诉你，你的故事某个方面不太行，那么无论你多么努力地想证明他们是错的，或者说服自己，都是无用功。最好把时间和精力花在寻找解决方案上。现在你的剧本和理想状态之间还有一段距离，接受审读意见就是为了缩短这段距离，并且想办法跨越中间的鸿沟。对此，读者会有很多想法和建议。他们的建议中，有一些可能很棒，让你如获至宝，另一些则可能很糟糕。难点在于如何把二者区分开来，以及怎样判断应该遵循哪一条意见，用什么方式实现。但在这个过程中，你不是脆弱无助的。实际上，你已经做了很多有用的和周全的准备，把自己很好地武装了起来。

回到你的创意上，回到你的基调上，回到你的一页剧情简介和人物动作表上，看看你收到的建议是否能解决读者所指出的问题，这些建议在基调上是否与你的创作初衷相吻合？如果它们有用，那就太好了。有人帮了你一个大忙。重要的是，不要因为渴望得到某个读者的认可，就对他的意见照单全收。这并不能帮助你实现目标。真正能帮你实现目标的，是在执行过程中得到有效传达的精彩创意。不要为了讨好别人而偏离方向。要采用那些在你原有剧本的基础上给你提供帮助的意见。

如果你觉得代理人或制片人给出的意见很有道理，但他们提供的解决方式你却不认同，该怎么办呢？这种情况时有发生。因为一个人能敏锐地诊断出剧本里的问题，并不意味着他也能给出最好的解决方案。更好的解决方案可能来自另一位读者，或者你的室友，或者你可能自己把这个问题解决了。你收到的意见可能很周到，很有洞察力，但这并不意味着你必须服从，必须完全按照这些意见来做。听从糟糕的建议是编剧最常犯的错误之一，很多原本前途无量的剧本最后却卖不出去，拍不出来，就是这个原因。根据审读意见进行修改的过程，应该跟写剧本的过程一样，是个创造性的过程。不要打没有准备的仗，要确保安全性，方方面面都考虑到，而不是被动地面对敌火。

把《神童》卖给福克斯之后，又过了一年左右，有一天我们跟《关岛登月》的制片人马克·戈登一起散步。马克正好参与制作了桑德拉·布洛克和基努·里维斯主演的那部大爆片《生死时速》（*Speed*）。马克不是个遮遮掩掩的人，他直接告诉我们，他觉得无论我们改得多好，《神童》都拍不出来了。他解释说，我们的电影讲的是一个12岁的孩子，"而12岁的孩子们，"他说，"已经不想看关于12岁孩子的电影了。他们都想看《生死时速》。"他是对的。

《神童》在那个时候已经是强弩之末了。《小鬼当家》《金臂小子》《七宝奇谋》(The Goonies),以及所有以儿童为中心的20世纪八九十年代家庭喜剧和冒险电影,它们的时代已经结束了。电影公司正在用预算更高、动作与特效主导、以成年人为主角的电影,来吸引中学生走进电影院。马克说得没错,即使距离我们卖掉《神童》已经过去了一年,即使我们对剧本做了最好的修改,十全十美,也不足以让它拍出来。但我们永远也无法得知到底是不是这样,因为我们在修改阶段就被打败了。

卖掉《神童》之后,我们去电影公司听取第一次正式修改的意见。负责这个项目的高管克里斯·梅勒丹德利[1]说,主角杰克和他的两个朋友(弗莱德和"上校")在影片中的目标还不太够分量。当然,在成为天才之后,杰克把其他人的目标当作了自己的目标,这些人是校长、父母、他喜欢的女孩子,他要在中学生"学院杯"中获得冠军。但克里斯希望这几个男孩子在第一幕里有一个他们自己的目标,等杰克变成天才之后,他们就能利用更强大的新手段,去追求他们的目标了。这是一条很好的意见。随着时间的推移和经验的积累,我们已经不再需要别人给我们提出这样的意见了(现在的你应该也不需要),但在我们事业的起步阶段,需要有人告诉我们这一点。但那个目标应该是什么呢,克里斯有一个具体的想法——一辆老爷车。这几个男孩子想买一辆老爷车。但我们觉得这有点奇怪,因为我们当时不知道,现在依然不知道,有哪个12岁的孩子会喜欢老

---

[1] 克里斯·梅勒丹德利(Chris Meledandri),环球电影公司旗下照明娱乐公司(Illumination Entertainment)的创始人和CEO。他是好莱坞最具影响力的动画制片人,人称"小黄人之父"。

爷车。运动、音乐、球鞋……甚至是跑车或者肌肉车[1]都可以……但老爷车？我们觉得这是属于成年人的喜好。现在的克里斯·梅勒丹德利是个精英人士了，取得了很多成就，对电影行业产生了巨大的影响，包括创办照明娱乐公司，这是世界上最成功、最有创新性的动画公司之一。但在当时，我们并不赞同他的建议。所以我们礼貌地表示拒绝，并向他解释说，总体的意见非常有道理，但我们觉得应该还有比老爷车更好的选项。可能是因为我们在谈话时，并没有提出一个足够有说服力的替代选项，总之，我们的拒绝导致了一段令人不适的沉默，接着这位制片人简单粗暴地直接扔过来一句命令："就是老爷车，两位。"

有些意见能给你带来巨大的帮助，有些意见可用可不用，还有些意见虽然可以用，但不必遵循对方建议的方法。只有经过训练和思考，才能分清助力和阻碍。接下来，如果你成功了，你的剧本进入了电影公司或流媒体平台的开发阶段，你还将不可避免地遇到一些不得不接受的建议，因为不接受的话，就会被炒鱿鱼（虽然这种情况不多，但有时候被炒掉反而是更好的选择）。这些两败俱伤的情况所带来的挫败感和刺痛感会随着时间淡去，而且，能被炒掉意味着你已经得到了这份工作。这就是你的首要目标——参与到游戏中来。

几十年过去了，直到现在，每当我们在修改剧本的过程中，被迫接受一种我们难以理解的方向时，我们俩私下里就会说："这是老

---

[1] 肌肉车（muscle car）一词出现于20世纪八九十年代，特别用于称呼活跃于20世纪六七十年代的一类搭载大排量V8发动机，具有强劲马力，外形富有肌肉感的美式后驱车。

爷车。"当年，这句话对我们来说简直像世界末日。而现在，随着经验的积累，以及我们的其他作品陆续拍了出来，我们意识到，接受意见其实是要求我们提高自己的创造力，甚至有时候这种程度都还不够。你得为此在办公室辛辛苦苦地工作一天。但换个角度想，在办公室辛苦地工作一天说明你还有工作。把目光放在目标上，专心地把剧本修改到无懈可击的程度。如果收到了糟糕的审读意见，至少还有WGA的医疗保险和养老保险可以带给你安慰，所以……祝贺你！

鼓起勇气，勇敢面对

看看我们从业以来，写过的和修改过的剧本列表——47个影视项目，其中拍出来的远远少于没拍出来的。那些中途流产的项目尤其让人感到失落，但每一个剧本当然都是以投拍为目标而写的。你希望它出色，希望它成功。但对任何人来说，现实情况都没有想象中那么美好。我们刚起步的时候，去听了洛维尔·冈茨和巴巴卢·曼德尔在学院[1]所做的博罗夫斯基剧作演讲[2]。那是25年前了，他们提到了他们书架上那些从未拍出来的剧本。他们的话直到现在依然影响着我们，或许是对我们影响最大的人。现在，这两位泰斗名下的作品列表已经跟你的胳膊一样长了。他们创造出了不可磨灭的角色，令

---

1 指美国电影艺术与科学学院（The Academy of Motion Picture Arts and Sciences），是一个由超过6000位电影界的专业或资深人士组成的非营利组织，同时也是奥斯卡金像奖的主办单位。
2 博罗夫斯基剧作演讲（Marvin Borowsky Lecture on Screenwriting），美国电影艺术与科学学院为纪念编剧马尔温·博罗夫斯基而主办的演讲，邀请有成就的编剧分享自己的经验，并探讨行业最新动向。

人难忘的桥段和对白台词。他们的电影和电视作品都获得了高口碑和商业成功。没有人可以百发百中。连我们当中最有才华、最成功的人也做不到。所以秘诀是什么？要在电影和电视领域建立起一份成功而长久的事业，背后的秘诀是什么？

用一个词概括吗？抗压能力。

差不多就是这样。我们在开头说过，到了结尾又绕回去了：只要热爱，就大胆去追求，这不会伤害你自己，也不会伤害其他人。小心地选择你的创意，要有辨别能力，然后尽可能用最好的方式去实现它。但是你要明白，虽然才华和努力都很重要，但你最终能不能获得成功，最重要的决定因素其实是抗压能力。我们的47部作品里，只有15部拍了出来。听起来可能不多，但你可以去找一个职业棒球选手问问，他整个职业生涯的平均击球率到没到0.319。写剧本不像买彩票，更像在职业联赛里打球。最成功的球员不仅要刻苦训练，要听教练的指导，要从错误中学习，还要懂得挥棒落空的滋味。哪怕是全世界最好的球员。

如果你写出的剧本能让制片人清晰地看到，该怎么把这部影片拍出来，那么你就可能会找到一个有资质的剧本中介，然后把剧本卖出去，从此踏上梦想中的康庄大道。但如果你完成了所有的步骤，自认为写出了一个胜券在握的剧本，然而市场却不这么认为，那该怎么办呢？你必须认识到这一点，那就是作为编剧，我们能控制的只有写什么、怎么写。这可不是小事，而且里面有很多自由和机会供你发挥。但我们无法控制市场或电影公司的决定，毕竟他们要向老板、董事和股东交代。有些剧本就是卖不出去，遇到这种情况时，只能坦然接受失望，花一两天时间舔舐伤口，然后重新振作起来。继续工作，开发你的下一个创意，展示你的勇气和决心。诗人肯尼斯·雷克斯罗斯（Kenneth Rexroth）曾经写道："世界毁灭之前，只有一道防线——创作。"世界是从混乱中被创造出来的，我们常常觉得，它现在好像依然处于混乱之中。叙事的目的是在混乱中创造秩序，提供一种理解我们自身，理解周遭世界的方法。让我们感到不那么迷茫，不那么孤单。你的故事是被需要的。你的写作是重要的、值得的。全力以赴地去写它。要有创造力，要勤勉自律，要有雄心，要好奇而开明，要慷慨而友善。你自己的人生就是一部剧本，而你正是其中的主角，你会成为一个出色的编剧！

后记　　　　　　　　　　　　　　　AFTERWARD

我们开始写这本书时，是把它当作一份学习资料，送给心怀抱负的编剧。写完它后，我们也从自己分享的过程中学到了很多东西。这本书里的各个章节，展示了我们自入行以来就一直在使用的剧作方法。它不是我们凭空想象出来的，也不是从编剧书里看来的。20多年前，我们最先发现了这种方法，然后一直使用到现在，因为这种方法对我们来说有用。但我们不会说其他作家、导师或编剧大师的方法就没我们的好。我们在这本书里提供了方法、见解和建议，以供你参考。希望它们能帮到你，也许还可以跟其他的方法，或者你已经在用的方法相结合。但写完原稿后，我们就注意到了一些我们十分欢迎，但又出乎意料的东西。写这本书让我们成了更好的编剧。

没错，这个写剧本的独家流程我们已经用了很多年。但要把这种方法正式写在纸上，不仅要写我们做什么、怎么做，还要写为什么这么做。这给写作的每个方面和每个阶段，都注入了一种更深层的使命感。它迫使我们重新从零开始。这个流程总体上十分高效，已经成为我们的一种机械反应，现在突然又要用严谨的规则来约束它。在你进入好莱坞之前，想要努力挤进这个行业时，这种严谨是十分必要的，但除非你一直保持警惕，否则它就会随着时间的推移而淡去。我们是在讨论新创意和琢磨新故事的过程中，发现了这种方法。写完这本书后，我们觉得任何一个干同一份工作干了20年以上的人，不管是什么工作，都应该考虑一下，把他们做什么、怎么做、为什么要这样做，都写下来。把你的知识财富和宝贵经验与他人分享，把那些未经表述，甚至人们习以为常的东西写成文字，这还可能给你带来一笔收入。

　　写这本书的经历，以及从中得到的收获，让我们想起了另一个在这份工作中，或任何工作中，都十分关键的先决条件，那就是不断学习的决心。我们接到的每一份工作，合作的每一个搭档，无论是制片人，还是其他编剧、导演、高管、演员，都能教给我们一些东西，让我们成为更好的编剧。2001年，我们把一个叫《钢琴课》（*Piano Lessons*）的项目（改编自诺亚·亚当斯的回忆录）卖给了华纳当时的老板洛伦佐·迪·博纳文图拉（Lorenzo di Bonaventura）。那是《居家男人》发行后的第二年。开会时，在我们开口说到这个项目之前，洛伦佐就先问了我们一个问题，他问我们从《居家男人》的制作和发行中学到了什么。他认为，你的每一部电影至少能教给你一个关键的知识点，此后你创作每一个项目时，都会一直带着这个知识点。他想知道《居家男人》教会了我们什么[1]。真的，他想知道我们从

1　我们从《居家男人》里学到的东西可以单独写一本书了。有些是创作方面的，有些是关于电影制作的实际情况，还有些是关于发行和营销的。我们无比幸运，感恩能有这段经历。——作者注

《居家男人》里学到了什么知识,能给我们正要洽谈的这个项目带来哪些帮助。这次谈话最终让我们卖掉了《钢琴课》,这是我们最喜欢的,但依然没拍出来的项目之一[1]。洛伦佐当时告诉我们的,以及写这本书的经历再次向我们强调的,就是如果想要成为我们理想中的那种编剧,想要继续在行业里保持领先,就需要时常反省,诚实地自我评价,并且有决心从每一次成功和每一次失望中学习。写这本书给了我们一个回顾过去的机会,让我们更加深刻、谨慎和批判地思考我们今天所做的工作,并且在未来的工作中更加警惕,更加勤勉,更加清醒。我们希望阅读这本书带给你的帮助,跟我们写它时得到的收获一样多。感谢你给了我们写这本书的动力。我们带着自信和感激之情与你分享它,因为它的作用已经在第一批使用者身上得到了验证——我们。

---

1 《名利场》杂志对于该项目的报道网址:https://variety.com/2001/film/columns/evolution-scribes-to-learn-their-lesson-1117800841/。

鸣谢   ACKNOWLEDGMENTS

　　如果我们当年一起写完第一个剧本后，没有第一批读者的支持和专业指导，现在就不会有这本书。特别感谢亚当·利希滕斯坦、里查德·谢泼德、保罗·拉希尔、迈克尔·哈彭，以及杰米·门德罗夫斯基。感谢1988年前后，罗伯特·格林沃德制作公司的工作人员。还要感谢读过我们剧本的制片人、制作公司和高管，我们忙着审读其他编剧提交给他们的剧本时，他们也在看我们的剧本。感谢从开始到现在，我们的所有剧本中介，他们的努力让我们得以继续从事我们热爱的工作，并且积累了在本书中分享的一部分经验。感谢我们的朋友马克·亚伯拉罕、乔·西斯塔克、安德鲁·帕奈、克里斯·布兰卡托和伯特·沙尔克——能数次跟这些制片人一起合作，本身就是一种奖赏。感谢乔纳森·戴蒙德愿意花时间，以及他的忠告和敏锐的眼光。感谢迈克尔·维斯制作公司的肯·李，感谢他在本书写作过程中给予我们的指导和支持。还有我们优秀的编辑雪莉·帕恩斯。最后，非常感谢家人对我们的支持，包括这本书的出版方。这是一本混合了热情、娱乐和爱的书。

术语表　　　　　　　　　　GLOSSARY OF TERMS

动作（Action）：动作是剧本的三个关键元素之一。通常，你只需要写能拍出来的东西，而且要写得简洁。你的动作段落应该推动故事向前发展，不断把读者的目光和兴趣拉向剧本中的下一个元素——对白。

放大（Amp Up）：在好莱坞，你会经常听到这个词。大家在谈到喜剧，谈到动作，谈到任何故事类型里的冲突和风险时，都会用到这个词，而它的意思也跟它的发音一样——扩大幅度，加强力量。如果审读意见里出现了这个词，会让你觉得很烦，因为它太宽泛了，但如果你的剧本能直接征服读者，你就不会收到这样的反馈。

B线（B Story）：B线、C线和D线都是副线剧情。如果没有支线故事作为主线故事的支撑，或者对二号角色、三号角色的进一步挖掘，就很难让影片的时长达到两小时。这些支线故事必须跟电影的主要动作和主要角色有机地连接在一起，它们的作用是支持和推动电影的故事和主题。

热度（Buzz）： 一个剧本引起了业内人的讨论，就会产生热度。一部低成本独立电影带来的热度，可以跟一部特效大片不相上下。当电影圈的人发现了一个大胆的新声音、一个新天才时，就会产生热度。一个剧本如果有很高的热度，就能让编剧的事业起飞，哪怕永远也没有拍出来。

角色动作表（Chart）： 一种用来追踪剧本里各个角色动作轨迹的方法。角色动作表是准备剧本大纲的有效工具，让你能够从各个角色的视角来理解整个故事。

概念（Concept）： 电影概念是一种情境，它给主角设置了一种重大的、高风险的挑战。"高概念"创意指的是角色所面临的风险迫在眉睫，显而易见，不需要太多阐述或解释，就能让读者感受到它的戏剧潜力和商业潜力。

过场戏（Connective Tissue）： 位于主要故事转折、升级和转幕节点之间的场景。一个剧本的力量往往就蕴藏在"大"场面之间的场景中，角色在这里挣扎、思辨，努力追求自己的目标。

背景（Context）： 你的故事发生的地方。在传达电影的创意时，故事的背景是一个关键要素。它有助于判断影片的类型和风险。要给你的故事创造一个清晰而有意义的背景，作为叙事者，这种能力是你确立自己的权威和声音的重要因素。

审读报告（Coverage）： 剧本审读报告是一种简报，由专业的剧本审读人或故事分析师提交，他们的工作是给你的剧本做总结，评估剧本的质量和各方面的效果——概念、角色、情节、对白。新人编剧的剧本，通常要先被"报告"一遍，然后制片人、高管或代理人才会考虑要不要读它。

删减（Cut Pass）：提交剧本之前的最后一步。你要趁这个机会，确保你在写作的各个方面都做到了高效率，从多余的角色描述，到那些对动作推进无效的完整场景都清理一遍。一次周密、严格的删减，能减少你的页数，并且加快剧本的节奏。

对白（Dialogue）：剧本里只有三个主要元素——场景标题或场景信息、动作、对白。对白应该简洁干脆，要反映出人物独特而迷人的性格，以及他们的视角。

依赖执行（Execution Dependent）：又是一个在好莱坞经常能听到的词语，通常是被某个想拒绝你的人拿来当借口。它表示你的概念太特殊了，如果在执行时有一点点偏差，就没有补救的办法了。然而，一个依赖执行的创意只要足够出色，就可以在独立电影的天地里大放异彩，但在传统电影公司里，这种电影几乎已经灭绝了。

类型（Genre）：搞清楚你的剧本会被归入哪一种类型，以及它属于哪一种电影流派，这是满足读者期待，以及颠覆这种期待的关键。了解你的类型，了解它的惯例和语言，这样你才能找到推动它和挑战它的方法。

主角（Lead Character）：你的主角应该是在情境中收获最多，或失去最多的那个人。主角应该讨喜和坚强，拥有独特的声音和视角，而且在某些方面有瑕疵或不完美。如果一个角色没有成长空间或经不起考验，就无法获得剧本读者和电影观众的认同。

梗概（Logline）：梗概就是把电影创意压缩成一句话，同时说明它的类型。故事分析师在写剧本审读报告的时候，会写一个梗概。市场人员为了让人们在30秒内（甚至更短）对你的电影产生兴趣，也会写梗概。梗概是用来写报告、做清单和写材料的。它基本上不是有效的提案工具。

剧情整合（Meld）：把各个角色的旅途，融合进剧本的核心故事节拍里。恰当和有效的剧情整合，能确保每个角色都拥有属于自己的时刻，确保他们不会从动作中消失，确保你的剧本能够从多重视角和声音中受益。它也是一种有用的工具，能给你的剧本搭建起一个精彩的大纲。

范例（Models）：在剧本开发和写作的过程中，能为你指引方向的电影。它们能提供有价值的信息、经验和灵感。还能帮助你理解这一类型的传统，找到创新的方法。

审读意见（Notes）：在剧本开发和电影制作的过程中，处理审读意见是非常重要（且不可避免的）的一个部分。你收到的意见可能来自经纪人、代理人、制片人、高管、导演、演员……你甚至可能收到剧本总监的审读意见。搞清楚怎样对待审读意见，怎样利用它们提供的信息，怎样用最有效的方式解决它们，这是写出最佳作品，在好莱坞建立人际关系和巩固编剧事业的关键。

一页剧情简介（One-Pager）：在宏观层面上，把你的故事在一页纸上展开。它是一幅基本的地图，展示出你即将进入的三幕，以及途中关键的停靠点。一份坚实的一页剧情简介，能确保你的故事在扩展成完整大纲时不会偏离方向。它还是一种很棒的工具，当你向朋友或同事介绍你的创意时，它能帮你检测这个故事的效果。

大纲（Outline）：大纲包括故事里的所有主要事件、每个人物所扮演的角色，以及这些事件怎样发生，角色如何受到影响。一个优秀的大纲能让你第二天起床时充满自信和兴奋，因为你知道自己要做什么,怎么做。而且它依然留给你很多可以自由发挥的空间,让你的剧本变得更有特色。

节奏(Pacing):你的剧本发展速度对读者来说是快还是慢,这会影响剧本从一个读者手中转到下一个读者手中所花费的时间。17世纪古装戏的节奏,不能跟动作片、恐怖片或喜剧片的节奏一样快。要搞清楚你的类型应该是什么节奏。你的剧本必须有发展,这样读者才能跟着走。

打磨(Polish):这是你写作的最后一个步骤,你要趁这个机会仔细检查每个细节,从每个角色的视角审视你的故事,确保你把每个人的视角都传达出来了。要检查错别字和其他小错误,因为这可能会让读者觉得你对这个剧本没那么用心,或者影响专业人士对剧本的看法。你要趁现在雕琢你的对白,确保每一句话都充分发挥了作用。毕竟给别人留下第一印象的机会只有一次。

反转(Reversal):一种意想不到的故事转折,迫使角色重新考虑他的目标,以及怎样才能更好地实现这个目标。反转给主角提供了必要的阻碍和挑战,并且有助于保持故事的新鲜感,以及读者和观众的参与感。即使是最安静的电影,也有意想不到的转折,迫使角色重新思考,重新组队,继续前进。

修改(Rewrite):要承认,除了你自己之外,你的剧本初稿可能没人能读得下去。只有看到你的故事以剧本的形式从头到尾展开,人们才能对故事的优缺点给出客观的中肯评价。你的初稿只是个开头。修改能让你利用初稿提供的信息,给你的故事写出一个更好的版本。

草稿(Rough Draft):有时候也被称为初稿("一稿"则是正

式提交给电影公司或买家的版本）。这是你根据大纲或详情写出的第一版稿子。请看"修改"。

搞笑担当（Runner）： 一种小花样，特指隔一段时间，就会在剧本里突然冒出来的小配角，通常负责搞笑，舒缓紧张气氛。搞笑担当能增加故事细节的层次感和丰富感，能让你的剧本更有辨识度。

桥段（Set Piece）： 桥段能在一个场景或段落里，用动作证明你的电影创意所具备的潜力。它们能挖掘概念中的戏剧张力、搞笑效果，或动作场景。它们给读者提供了值得讨论的话题，给市场总监提供了剪辑预告片的素材。效果好的、制造热度的桥段有助于推销你的剧本和电影。

场景信息（Slugline）： 写在剧本开头，以及之后每一场戏开头的一行字。场景信息负责交代这个场景发生的时间和地点。场景信息应该简洁明了，从概括到具体，始终引导着读者进入剧本更深、更远的地方。

原创剧本（Spec Script）： 写完后准备出售的剧本。有时候能卖掉，更多的时候卖不掉。卖不掉的剧本如果展示出了才华和独特的声音，依然可以作为编剧的写作样本和名片。一个出色的写作样本可以吸引到剧本中介（代理人或经纪人），还能作为定制剧本的担保。值得注意的是，现在定制剧本没有过去那么多了。剧本中介永远会被那些他们觉得能卖掉的剧本吸引。

故事节拍（Story Beat）： 故事节拍是一个能够同时推动情节和角色发展的事件。电影不只是一系列事件。如果一个剧本要对读者产生影响，它的情节和角色必须密不可分。

主力大片（Tentpole）： 通常由IP改编，素材来自其他作品，比如漫画/图像小说、书籍、电视节目、广播、杂志文章等等。主力大片是高预算且高于生活的电影，有大量刺激眼球的特效。目前，主力大片主导着传统电影公司，因为它们具有国际影响力，票房有保障。

主题（Theme）：你的电影是角色之间不同信仰体系所进行的一场辩论。在剧本里不断受到挑战，但最终获胜的信仰体系，就是你这部电影的主题。你要了解它，明确地把它表达出来，要相信它，对它有热情，而它会化身为一个有力量的剧本。

三幕式结构（Three Act Structure）：三幕式戏剧结构作为剧作基础，已经延续了几千年。第一幕是对电影创意的戏剧性表达。第二幕代表它的后果、复杂性和奖赏。第三幕是解决问题。（如果你觉得这听起来很简单，可以去试试看你能不能根据可口可乐瓶子上的配料表，自己调配出一杯可乐。）

声音（Voice）：你在写作中所呈现出来的独特风格，通常体现在对白中。此外，在整个故事和剧本里，凡是能看出编剧想象力的地方也都能够体现。好莱坞一直在寻找新的、原创性的声音，为大众消费市场带去娱乐。

基调（Tone）：剧本的态度和情绪应该很清晰，并且与所属类型的基调相一致。当你考虑哪些台词，哪些完整的场景或段落需要砍掉、重写或者再想一想的时候，一个清晰的基调能给你指引方向。

WGA：美国编剧协会。WGA保护和促进编剧在创意、经济等方面的利益。WGA制定的劳资协议规定了编剧与公司之间的条款（包括影视公司、网站、制作公司、其他投资人和内容发行商）。WGA

还为编剧提供注册服务，写完一个详情或剧本后，无论编剧是不是WGA的会员，都可以通过注册来保护自己的合法权益。更多信息请登录WGA的官网查看。

写作样本（Writing Sample）： 参见"原创剧本"。

要点与练习
SUMMARY POINTS AND SUGGESTED EXERCISES

第一章：构思精巧的电影创意

要点总结

- 不要写剧本，要写电影。搞清楚二者的区别。
- 一个完整的电影创意包括角色、概念和背景。要确保你的创意里这三个部分都有，认真构思，让它产生最大的影响力和发展各种类型的机会。
- 找你信任的朋友、家人或同事帮你检查创意，判断这个创意能不能让买家和观众产生兴趣和热情。
- 搞清楚你的创意属于哪一种发行渠道的电影。是商业大片、独立电影，还是网络电影？了解你的剧本处于什么位置，这对于写出一部让买家和发行方都满意的剧本，是非常关键的。
- 在确定要写什么创意之前，先了解你自己。虽然也有例外，但大多数人都是最擅长写自己最喜欢看的那一类电影。

练习

▲ 把你最喜欢的电影列一个片单，越长越好。

想一想它们有什么共同的元素，以及从属于哪种主题与类型，最吸引你的是哪一类角色和情境，为什么。在头脑风暴新的创意之前先做这一步，它能在你寻找最感兴趣的创意时，给你提供引导。

▲ 选定一个创意之前，先多想几个，列成清单，然后从中选择。花一个周末、一周、一个月，头脑风暴尽可能多的创意。列一个清单。三个创意，五个……十个。给自己留出选择的余地。你最后选定的那个创意，可能间接来自清单上的第7个创意。

第二章：寻找经典电影范例

要点总结

- 你写剧本的目标，是想给不断变化的电影行业带来新东西。能卖掉和能拍出来的电影，大多是在过去的基础上，增加了一种新的转折，新的视角或方法。因此，除非你很熟悉过去的电影，否则就无法提出新的视角或方法。所以要培养自己的电影素养，了解你的领域。

- 在看或重看你的电影范例时，你的目标是贡献一些新的东西，不要拾人牙慧。寻找范例不是为了发现一种公式，或拷贝别人的好作品，而是为了收集信息和灵感，从而引导你创作出独特而出色的作品。

练习

▲ 给你的创意寻找范例,并列成片单,也就是那些跟你同类型的电影,跟你有相似主角或情境的电影,跟你的背景设置接近的电影。

▲ 你的范例中有哪些成功的做法和失败的做法。拿一个专门的笔记本,或在电脑上建一个专门的文档,把每一部范例中所提供的,一切有用的和相关的想法或信息都记录下来,从而不断完善你的创意和方法。

第三章:脱颖而出:一页剧情简介

要点总结

- 动笔之前,甚至做大纲之前,先用"一页剧情简介"的形式,给你的故事做一份非常基础的地图,包括故事旦的主要转折、反转和转幕节点。

- 理解并遵守经过实践检验的基本故事结构,这是写出一个成功剧本的关键。

- 你的电影不只是讲故事,还提出了一个论点。如果你凭直觉不知道自己的论点是什么,就要通过挖掘角色和概念来明确它,也就是你的主题。

- 在一页纸上展开你的故事之后,你不仅能检查自己的创意,还能检查整部电影的结构。利用这个机会去测试你的结构,寻找弱点和不足。

练习

▲ 回到你最喜欢的电影上，找到它们的转幕节点、故事反转和主要转折。训练自己从故事结构的角度来思考，一边看电影，一边找出影片的结构。

▲ 从范例片单上挑一部或者几部电影，给每一部做一份一页剧情简介。

用以下素材重复练习：

△ 经久不衰的标志性影片。

△ 你每周都看的影片。在一页纸上，把一部成功影片的关键节拍写下来，重复做这个练习能加强你对结构的理解，帮助你写出简单、清晰，还能够得到投资的电影。

第四章：塑造能立得住的角色

要点总结

- 你的角色对于传达影片的信息非常关键。如果没有合适的角色作为信息传达员，你就无法证明你的戏剧论点，也无法表现主题。
- 你的主角应该是在你设置的情境中，经受最多考验，受到最严重影响（无论积极还是消极）的那个人。
- 没有演员想演的主角，你的剧本就无法拍摄。这意味着你要创造有瑕疵或不完美的角色，但必须讨喜。
- 对于你的戏剧论点，剧本中的每个角色都应该有自己的观点。在主角的旅途中，每个人都是一股支持力量或反对力量。

练习

▲ 回到你的范例上。跟随这些电影中给你带来灵感的角色，注意他们的力量和弱点。注意他们表面的目标和真正要完成的任务，也就是，他们想要什么和需要什么之间的不同。

▲ 现在回到你的电影上。看一遍你的角色表。在笔记本或文档中记下来，他们分别对你的戏剧主题或论点持什么看法，他们是支持主角，还是反对主角，以及具体是怎么做的。

▲ 给你的电影做一张角色动作表，追踪每一个人，他们的反应、他们的视角，以及每一次主要转折带给他们的后果。

第五章：构建稳扎稳打的大纲

要点总结

- 大纲给你的剧本写作提供了一个全面而又详细的策略。它不仅包括发生了什么，发生在谁身上（也就是情节），还包括怎么发生的。你的大纲越详细，你的场景写起来就越自由，越有趣。

- 如果使用得当，剧本里的过场戏，也就是主要反转和转折之间的场景，它们对于角色和情节的发展，以及对于引发观众的共情所起到的促进作用，能与主要故事节拍和转幕节点不相上下。

- 副线剧情（B线和C线故事）提供了一个机会，通过设计二号角色的生活，给他设置目标和障碍，来支持或阻挠主线故事的动作和主题，从而起到巩固整个故事的作用。

- 寻找机会打破紧张感，通过配角加入"搞笑担当"和搞笑风格，能让你的剧本和电影更有趣。

- 最终作为剧本蓝图的大纲，要把一页剧情简介和角色动作表的信息，与过场戏结合起来。它还要回答"接下来会发生什么？"这个问题，并且要说清楚是怎样发生的。
- 大纲是你进入写作阶段后，对你帮助最大的东西。剧本详情和提案文件，对帮助你开发剧本的人来说，是可以参考的工具。但在你写出剧本之前，它们没法帮你卖掉剧本。

练习

▲ 选一部激励你的电影，给其中的一个段落拉大纲，比如第一幕或第三幕，或者给整部影片拉也行。记下影片中的哪些东西被你留在了这份大纲里，哪些东西被舍弃了。将来你自己的电影大纲看起来也应该是这样。

▲ 不要再拖延了。利用你目前掌握的所有信息和资源，给你的剧本做大纲。

第六章：打造吸引眼球的桥段

要点总结

- 几乎所有院线和流媒体平台发行的电影，里面都有桥段，无论是什么规模或类型。
- 桥段有很多功能：
  ○ 能证明和挖掘电影创意中所提出的承诺和具有的潜力。
  ○ 它们能拓展故事的影响力。
  ○ 让你的电影引发热议，不论是剧本阶段，还是在发行阶段。

- ○ 它们能帮助市场部门推销你的电影。
- ● 虽然最成功的桥段往往是在一大群人面前展开的，但把一个场景安排在一群人面前上演，并不意味着它一定有资格成为桥段。
- ● 在剧本中寻找"预告片时刻"的制片人和高管，很可能会在桥段中找到他们想要的东西。

练习
- ▲ 看一看你的范例影片的预告片。写剧本之前，你能想象出你这部电影的预告片会是什么样吗？
- ▲ 回忆一下，你的范例影片里都有哪些桥段。
- ▲ 检查一下大纲的每一幕，看看里面的场景和段落，能不能升级放大成前无古人的桥段。
- ▲ 用测试电影创意的方法，把桥段创意讲给别人听，看看听众有没有反应。你的桥段创意对故事有推动作用吗？会干扰剧情吗？像检查剧本里的其他部分那样，检查一下你的桥段。按照需要对它进行改善和调整，把最好的桥段用在你的剧本里。

第七章：写出胜券在握的剧本

要点总结
- ● 仔细想一想你的开场，这是让我们进入你这部电影的机会，要迷住你的读者和观众，把我们拉进去，让我们期待要发生的事情。
- ● 永远要记住，你写的是电影（活动影像），你要保证情节在持续推进……

- 不管写什么，怎么写，你的首要目标就是不要让读者失去兴趣！
- 会让读者失去兴趣的因素包括（但不限于）：故事和场景过于拖沓、角色不讨喜、文字冗长、语法错误或拼写错误，这些都暴露出了你的不专业和不用心。
- 写每一个场景之前，想想怎么能把它写得比大纲里更精彩。怎样才能给你自己，给读者和观众带来惊喜。
- 把你的剧本想象成一张加长的音乐会曲目表，曲目的编排是为了从开场到落幕，一直保持驱动力。
- 对待你自己和对待写作，都要耐心。
- 要勤勉。按照时间表写作，认真对待这项任务。
- 在动笔之前，给自己一小段时间拖延，用来清空头脑，从心理上准备好迎接这段几周，甚至几个月时长的冒险。

练习

▲ 回到你的范例上，找到这些影片的剧本。大部分应该都能在网上找到免费的，或者去你们本地的图书馆找，或者在亚马逊或其他网站上买。读一读这些剧本以及成功编剧的其他作品。注意它们的风格和技巧。通过大师的作品向他们学习，融会贯通，成为你自己的知识。

▲ 动笔写你的剧本。

第八章:成功的秘诀——修改

要点总结

- 在尽力做到最好的程度之前,不要提交你的剧本。如果你写的东西无法让你感到骄傲,那就改。如果你不知道怎么改,就寻求帮助,但必须是在你已经尽了自己所有的努力之后。
- 用前面的章节检查你的草稿,你提出了预想中的论点吗?每个角色都在剧本中一直闪闪发光吗?他们有自己特别的瞬间吗?你的剧本读起来,是不是比听到这个创意时的感觉还要好?
- 抓住机会,放大冲突、桥段、给剧本带来喜剧效果的小配角,以及其他形式的小趣味。
- 删减你的剧本,加快节奏,减少页数。没有人想读135页长的剧本。他们不会读的。

练习

▲ 从你的剧本里选择一个场景,任何一个都行。把这个场景打印出来,拿一支红笔,看看哪些地方可以用更少的词句代替。无论是对白还是动作,简洁的写作都有助于减少页数,加快节奏,不管写的是什么,都要加强力度。改完后,回到剧本的开场,每一场戏都重复这个过程。

▲ 大声地把你的剧本读出来,或者更好的方法是……让别人把它大声地读给你听。你会发现一些错误和可以改进的地方,如果你自己默默地读,永远都发现不了。

第九章：万无一失的提交

要点总结

- 如果买家觉得一个剧本无法让观众买账，那么就算是世界上最好的剧本中介，也没法把它卖出去。
- 多关心关心怎么把剧本写好，而不是急着找剧本中介。等你真正需要的时候，中介就会自己出现，那就是当你写出了一个胜券在握的剧本的时候。
- 如果你一边写剧本，一边还得上班，可以考虑一下电影行业里的初级岗位。你越接近电影行业的中心，提交剧本的机会就越多，就能认识更多人，给你提供有效的反馈。
- 剧本比赛，电影节，剧本网站都是提交剧本、获得反馈的好地方，但提交之前要确认它们的声誉是否良好，版权是否能够得到保护。
- 除了名义上的提交费以外，别人读你的剧本，评估你的剧本，都不该再让你掏任何钱。千万不要花钱请剧本中介、经纪人、制片人或电影公司高管读你的剧本。
- 对于建设性的反馈，要始终敞开胸怀迎接，哪怕对方只是无意中告诉你。收到审读意见之后，要判断它们是否服务于你的创意，你的角色，你的故事，你的主题。
- 不要因为你不赞同读者的解决方案，就对他的审读意见置之不理。想一想读者是在哪里遇到了问题，为什么。如果你不喜欢他的解决方案，那就再找另一条路。
- 在写剧本之前的准备工作中，角色动作表和一页剧情简介是很有用的工具，能帮助你判断应该采用哪一条建议，以及怎样采用。在听取意见和进行修改时，用它们来引导你。
- 最终，你能否拥有成功的编剧事业，抗压能力是一个关键的决定因素。
- 记住，写剧本跟其他的创意工作一样。挫折和失望是任何写作都不可避免的一部分。遇到失望时，尊重它，给自己一些时间去体会和恢复，接着振作起来，继续工作。我们需要你和你的故事……

**桥段案例：
《陪产假》吸奶器段落**

SET PIECE ILLUSTRATION:
THE BREAST PUMP SEQUENCE
FROM PATERNITY LEAVE

内景，佩吉家，厨房——上午

（杰克手里拿着咖啡杯。他在冰箱里找牛奶，但没找到。最后，他看到了一瓶佩吉事先挤好的母乳。他想了一会儿，然后抓起了这瓶母乳，准备倒进他的咖啡里，这时……）

佩吉
你知不知道我多辛苦才挤了那一瓶？

杰克
我怎么会知道这个？说真的。

（接着，佩吉突然毫无预兆地哭了起来。）

杰克
噢，老天爷。好吧，对不起。我不把你的母乳往咖啡里倒了。

佩吉
我怎么回事？！我是一个体面的职场人士。
求求你别告诉别人我变成这样了！

（伊莲恩和谢尔比走进来，看到佩吉在哭，怒视着杰克。）

伊莲恩
你真棒。

杰克
跟我没关系，是她自己恨自己。

（佩吉哭得更大声了，伊莲恩又瞪了杰克一眼，然后拉着佩吉出去了。）

伊莲恩
我们去逛街。1点再回来。

杰克
我数着时间呢。

（她们离开了。杰克在冰箱里看到了一瓶啤酒，于是放下咖啡杯，抓起啤酒。他四处找开瓶器，打开橱柜门。他看到了……佩吉的吸奶器……是一个双侧吸奶器，干净的玻璃瓶上各有一个吸杯，还有一个多士炉大小的电泵。他研究了起来……）

杰克
我不明白她在抱怨什么。这看起来也没那么糟吧……

（他把吸奶器和啤酒一起拿到了客厅。）

（杰克坐下来，插上电源。他启动吸奶器，发出很大的"咻——咻——咻"声，杰克觉得很好玩。他开始研究这台机器，开开关关，接着拿起吸杯，用手、用脸颊感受它们的力量。他想了想，检查了一下大门是否关好，然后……他脱掉了上衣，把吸杯吸在自己的胸部。）

杰克
（刺痛感）

（他让它们工作了一分钟，吸他的胸部。他低头看着吸杯，被它们的动作迷住了。他抖了抖，然后打开电视看道奇队的比赛，就快要开始了。他打开啤酒，向后靠去……）

杰克

（模仿佩吉）

你知不知道我多辛苦才挤了那一瓶？

（变回自己的声音）

知道，佩吉，我碰巧知道你是怎么弄的。感觉特别好！

（他喝了一大口啤酒。）

切至：

内景，佩吉家，客厅——三小时后

镜头推近电视机：道奇队在积分榜上排名第9

镜头拉回来：杰克还坐在原处，但是他睡着了，吸奶器依然吸在他的胸部上。

（大门打开了，佩吉和她妈妈走进来，谢尔比提着一些购物袋。他们看到杰克……）

佩吉

不……

（杰克醒了……他低头看到吸奶器。）

杰克
等等……不，我可以解释……

（他跳了起来，但吸杯依然在他的胸上，而机器的重量又把他拉倒……）

杰克
啊嗷！

伊莲恩
（怒视着杰克）
你这个变态……

杰克
不，不是这样的！我只是想体会一下她的感受，这样她就不会再骂我了！

（但是，当杰克把吸杯拿下来后，所有人都同时看到了某种让他们僵住的东西……）

（两个瓶子里各有大约3盎司半的乳汁……）

（他们都惊呆了。接着……）

　　　　　　　　杰克、佩吉、伊莲恩
　　　　　　　啊啊啊啊啊啊！！！

切至：

内景，急诊室——稍后

（杰克在接受医生的诊断，佩吉陪着他。）

　　　　　　　　　　医生
　　……你看，杰克，男性泌乳虽然很少有人听说，
　　但如果用很大力度持续刺激乳腺，也是有可能发生的。
　　　　　这在战俘营里其实挺常见的……

（垂直俯拍杰克的胸部，你能看到他的胸部充血，肿得老高。）

　　　　　　　　　　杰克
　　　　　那我现在该他妈的怎么办？！

医生
别担心,我给你弄一个保护装置……

杰克
什么东西?!

佩吉
你这大概是……B罩杯?

(杰克又瞪了她一眼。)

关于作者   ABOUT THE AUTHORS

两位作者：戴蒙德（左）和韦斯曼（右）

　　大卫·戴蒙德和大卫·韦斯曼的搭档关系建立在他们30年的友谊之上，始于一起在费城上高中的时代。上大学期间他们分隔两地，戴蒙德在纽约大学读电影研究，韦斯曼学的是中国历史，最初在耶路撒冷的希伯来大学，后来在密歇根大学。韦斯曼拿到了两个硕士学位，第一个来自威斯康星大学，第二个来自布朗大学。然后他放弃了学术梦想，去洛杉矶跟戴蒙德一起追寻编剧事业。

这对搭档在1994年把他们的第一个原创剧本卖给了二十世纪福克斯。接着又卖出了一系列原创喜剧创意，包括2000年的第一部投拍作品，环球影业的《居家男人》，由尼古拉斯·凯奇和蒂娅·里欧妮主演。接着他们又先后跟制片人兼导演伊万·雷特曼、制片人安德鲁·帕奈合作了梦工厂的《进化危机》，以及迪士尼的喜剧片《老家伙》《许愿池艳遇》。

他们在2005年把第一个电视提案卖给了二十世纪电视和CBS，接下来还卖掉了更多试播集项目。大卫·戴蒙德和大卫·韦斯曼卖出的试播集遍布所有主流电视台。他们构思和参与的十几部电影，在全世界收获了超过10亿美元的票房。

现在，他们的合作关系已经进入了第三个10年，在概念和角色主导的故事类型里，大卫·戴蒙德和大卫·韦斯曼仍在不断探索，继续创作更多电影作品。

戴蒙德（右）和韦斯曼（左）在洛杉矶，于1989年前后。拍摄者：乔纳森·戴蒙德

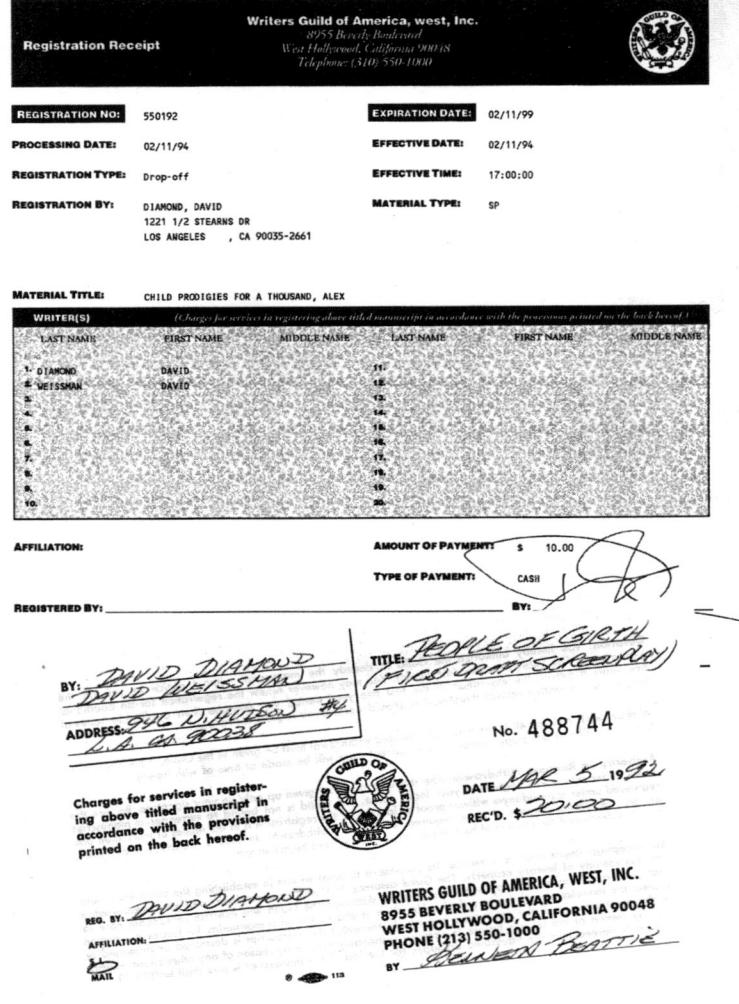

《饕餮之人》和《奇迹男孩亚历克斯》的WGA注册表,后者最终变成了我们卖出去的第一个剧本——《神童》

戴蒙德（右）和韦斯曼（左）在第三街长廊与代理人乔丹·贝尔通电话，得知伊利亚·伍德会参演他们的剧本《神童》。拍摄者：亚当·利希滕斯坦

笔记本——我们俩家里和车库里都堆着好几箱这样的线圈笔记本,里面写满了创意、审读意见、大纲,偶尔还有电话号码,有些号码的主人可能已经离开这个行业了

《居家男人》片场（从左至右）：大卫·韦斯曼，导演布莱特·拉特纳，编剧大卫·戴蒙德，剧本总监马丁·基特罗斯，演员蒂娅·里欧妮和尼古拉斯·凯奇。拍摄者：巴里·怀彻

《居家男人》片场(从左至右):大卫·戴蒙德,演员杰瑞米·佩文,编剧大卫·韦斯曼,导演布莱特·拉特纳,制片人马克·亚伯拉罕。拍摄者:巴里·怀彻

2005年，作者们与NBA球星卡里姆·阿布杜尔-贾巴尔和马克·杰克逊在片场，为二十世纪电视公司（20th Television）和CBS拍摄导航集

罗宾·威廉姆斯留给我们的最后一条信息。《老家伙》制作完成后,他把这个剧本寄给我们,扉页上写着:"继续写下去,伙计们"

激发个人成长

多年以来,千千万万有经验的读者,都会定期查看熊猫君家的最新书目,挑选满足自己成长需求的新书。

读客图书以"激发个人成长"为使命,在以下三个方面为您精选优质图书:

1. 精神成长

熊猫君家精彩绝伦的小说文库和人文类图书,帮助你成为永远充满梦想、勇气和爱的人!

2. 知识结构成长

熊猫君家的历史类、社科类图书,帮助你了解从宇宙诞生、文明演变直至今日世界之形成的方方面面。

3. 工作技能成长

熊猫君家的经管类、家教类图书,指引你更好地工作、更有效率地生活,减少人生中的烦恼。

每一本读客图书都轻松好读,精彩绝伦,充满无穷阅读乐趣!

认准读客熊猫

读客所有图书，在书脊、腰封、封底和前勒口都有"**读客熊猫**"标志。

两步帮你快速找到读客图书

1. 找读客熊猫君

2. 找黑白格子

马上扫二维码，关注**"熊猫君"**

和千万读者一起成长吧！

图书在版编目（CIP）数据

好莱坞编剧的生意经：教你写出制片、导演、演员都想买的高分剧本！/（美）大卫·韦斯曼，（美）大卫·戴蒙德著；孟影译. -- 上海：文汇出版社，2020.12
ISBN 978-7-5496-3171-1

Ⅰ.①好… Ⅱ.①大… ②大… ③孟… Ⅲ.①好莱坞—电影编剧 Ⅳ.① I053.5

中国版本图书馆 CIP 数据核字（2020）第 062490 号

BULLETPROOF: WRITING SCRIPTS THAT DON'T GET SHOT DOWN By DAVID DIAMOND AND DAVID WEISSMAN
Copyright: © 2019 BY DAVID DIAMOND AND DAVID WEISSMAN
This edition arranged with MICHAEL WIESE PRODUCTIONS
Through BIG APPLE AGENCY, INC., LABUAN, MALAYSIA.
Simplified Chinese edition copyright:
2020 Dook Media Group Limited
All rights reserved.

中文版权 © 2020 读客文化股份有限公司
经授权，读客文化股份有限公司拥有本书的中文（简体）版权
著作权合同登记号：09-2020-350

好莱坞编剧的生意经：教你写出制片、导演、演员都想买的高分剧本！

作　　者　/	［美］大卫·韦斯曼　　［美］大卫·戴蒙德
译　　者　/	孟　影
责任编辑　/	徐曙蕾
特邀编辑　/	郑喻世　　赵　菁
封面装帧　/	王瞻远
出版发行　/	文汇出版社 上海市威海路 755 号 （邮政编码 200041）
经　　销　/	全国新华书店
印刷装订　/	北京中科印刷有限公司
版　　次　/	2020 年 12 月第 1 版
印　　次　/	2020 年 12 月第 1 次印刷
开　　本　/	890mm × 1270mm　1/32
字　　数　/	142 千字
印　　张　/	7

ISBN 978-7-5496-3171-1
定　　价　/　45.00 元

侵权必究
装订质量问题，请致电 010-87681002（免费更换，邮寄到付）